农旅轻资产
运营实战一本通

龙飞 马亮 ◎编著

中国农业出版社

北京

CONTENTS 目 录

09 第九章 ——————————————————— 130
乡村特色美食轻资产运营

第一章

农旅轻资产运营概述

党的二十大报告指出，全面建设社会主义现代化国家，最艰巨最繁重的任务仍然在农村。当前，全面推进乡村振兴作为"三农"工作的重心，包括产业、人才、文化、生态、组织五大振兴领域。产业振兴作为乡村振兴的基础，需要创新产业发展模式。农文旅融合发展日渐成为促进农业产业、文化产业、旅游产业转型升级，进而实现农民增收的关键举措。农旅融合发展作为农村一、二、三产业融合发展的经典范式，在乡村振兴背景下的高质量发展显得尤为重要。

第一节 农旅融合发展现状

乡村振兴战略作为促进我国农村实现现代化的重大战略，不仅需要国家在顶层设计和宏观指导时从农民、农村和农业本身的发展规律出发，更需要作为长期生于斯长于斯的农民在实际生活中积极参与、主动融入乡村本土特色与乡村振兴战略中。推进农村一、二、三产业融合发展是产业振兴的重要发展路径，不仅符合构建现代农业产业体系的要求，更符合全面推进乡村振兴的要求。"农＋文＋旅"融合发展的模式能够充分融合和利用农文旅现有资源，推动乡村经济的可持续发展，指引乡村经济健康发展的方向，将新资源内化进入乡村价值体系，为乡村建设体系注入活力。

狭义的农旅融合是指以农为基础的产业融合，是农业产业跨越传统边界，与文化旅游产业相互改变产业链的过程。在这个过程中，不断激发农业的多种功能来丰富旅游产业链，让农村成为农耕文化、民俗文化、民族文化等的传承载体。广义的农旅融合不仅是指文旅和农业的融合，还指与"三农"的融合，包括农业、农民、农村空间、农村环境、农村生活方式、农业生产方式、农耕技艺、传统技艺、农村民俗、农村乡音等众多方面。农旅融合发展，有利于农村产业结构的优化，为农村提供更多的就业和创业机会，促进地方经济发展，促进乡村振兴早日实现。

一、我国农旅融合发展现状

1. 农旅产品类型多样，形式丰富

乡村旅游已超越农家乐形式，向观光、休闲、度假复合型转变。随着人们消费升级的提升及个性化需求的增加，我国乡村旅游逐渐向多样化、融合化和个性化方向发展。同时，乡村旅游消费模式从观光式旅游过渡为度假式深度体验游，乡村旅游形式逐渐多样化。观光型、休闲度假型、体验型、研学型等多种类型农旅产品使乡村旅游内容丰富化、形式多元化。

2. 乡村旅游重点村、全国休闲农业重点县陆续形成

近年来，我国积极推动乡村旅游的发展，2019 年 7 月 28 日，由文化和旅游部、国家发展和改革委员会确定的第一批全国乡村旅游重点村名单公布。乡村旅游日益成为人们感受田园风光、温暖乡愁的好方式，成为推动创新创业的新领域，成为乡村振兴的新力量。2021 年 4 月，农业农村部开展全国休闲农业重点县建设，计划到

2025 年建设 300 个在区域、全国乃至世界有知名度、有影响力的全国休闲农业重点县，形成一批体制机制创新、政策集成创设、资源要素激活、联农带农紧密的休闲农业创业福地、产业高地、生态绿地、休闲旅游打卡地。

3. 乡村接待人数及旅游收入同步增加

根据《全国乡村产业发展规划（2020—2025 年）》，到 2025 年，休闲农业和乡村旅游的经营收入将超过 1.2 万亿元，2019—2025 年的平均复合增速将达到 5.9％。到 2025 年，建设 300 个全国休闲农业重点县，培育一批有知名度、有影响力的休闲农业"打卡地"；推介 1 500 个中国美丽休闲乡村；推出 1 000 个全国休闲农业精品景点线路，我国休闲农业和乡村旅游将进入提质增效的阶段。

二、我国农旅融合发展趋势分析

1. 客源市场日益多元化

随着人们收入的增加，乡村旅游的客源不再局限于传统的自驾游、亲子游的游客。越来越多的游客希望到乡村来接触自然风光、认识乡土风情及传统文化，同时也有社交和交友的需求。同时，越来越多的年轻人对乡村旅游的认可度不断提高，愿意到乡村进行休闲度假，客源市场更加丰富。

2. 农旅产品更加多样化

在传统观光旅游产品的基础上，乡村旅游产品不断拓展，形式日益丰富。种植、采摘、非遗项目体验、度假康养、自然科普研学等多元化的旅游产品，使得乡村旅游形式更加多样。同时，在地文化挖掘不断深入，农旅产品更具有文化特色，更有助于游客更好地了解和融入当地风俗、文化等。

3. 产业集聚模式更加突显

乡村发展逐渐进入集群化发展模式。乡村旅游产业集聚以具有重要价值和地域特色的乡村文化生态为依托，旅游资源集聚、文旅深度融合、业态类型多样、品牌形象鲜明，形成具有较强综合带动效益的乡村旅游空间形态。乡村一、二、三产融合发展，乡村产业要素呈聚集化发展的势态。

4. 农旅市场迎来数字化变革

现代科技的快速发展促使数字技术与乡村旅游深度融合，为游客提供更舒适、便捷、个性化的服务。例如，利用 VR、AR、元宇宙等技术实现虚拟导览、在线预订等服务，提供更加个性化的旅游体验。在住宿、交通、导游等环节，智能化、数字化创新持续推动着旅游服务效率的提高和用户体验的提升。

5. 农旅产业与乡村协同发展

农旅产业快速发展解决了农村经济转型中的一些根深蒂固的难题，推进了乡村旅游和农业的协同发展。村民的创业、就业与增收，加速了当地农产品在产业化、网络化和品牌化等方面的发展，改变了乡村整体发展格局。

我国农旅产业融合发展还有待于进一步提升，发展过程中面临着很多亟待解决的问题。产业融合发展层次较低，产业融合链条短，附加值偏低，利益联结松散，合作方式单一；土地、人才、资金等供给不足，以农业为依托的各类场所须按建设用地进行管理，许多农村产业融合发展项目难以正常实施，农村金融产品有限，农用土地和各类设施都不能抵押，借贷融资困难导致规模难以扩大，且多数地区农村产业融合缺乏专业型人才和复合型人才；产业融合主体带动能力较弱，有实力的新型经营主体少，部分新型经营主体结构单一、管理粗放、经营能力不强，部分经营主体创新能力不足，在推进区域标准化、品牌化建设方面服务不足。

第二节　农旅轻资产运营方法论

一、农旅轻资产运营模式

1. 轻资产运营模式

传统项目运营模式通常需要大量的资本投资，包括设备、土地和人力资源等。这些资产的购买和维护成本往往是项目运营的主要负担之一。然而，随着全球经济的不确定性和市场竞争的加剧，企业开始寻求更具灵活性和高效性的运营模式，轻资产运营模式应运而生。轻资产运营最早诞生在工业企业，主要表现为将产品制造和零售分销业务外包，自身则集中于设计开发和市场推广等业务。这种模式通过降低公司资本投入，特别是生产领域内大量固定资产投入，来提高资本回报率。

轻资产运营模式已经成为商业领域中越来越受关注的经营模式。它强调企业或项目将资产投入保持在最低程度，同时通过合作、共享和创新来实现高效运营和持续增长。这种模式的兴起与现代经济发展和技术进步密切相关，为企业和项目实现提供了更多灵活性和创造空间。轻资产运营模式的核心是通过外包或者租赁的方式来获取和使用资产，从而将资本需求降到最低。

在轻资产运营模式下，项目主要依赖的是知识产权、品牌、客户关系和网络效应等无形资产，而不是传统的物质资产。这样，项目运营就可以大大降低资本投入，提高运营效率，同时还能保持对核心业务的控制。这种模式的关键是依靠技术和创新，以提高运营效率和降低成本。例如，企业可以通过云计算和虚拟化技术来减少对实体设备的需求，从而节约资金和空间。此外，企业还可以与供应商、合作伙伴和客户建立紧密的合作关系，共享资源和知识，共同实现业务目标。在这种模式下，企业或项目运营更加注重创新和灵活性。与传统的资产密集型企业或项目运营相比，轻资产运营模式下企业可以更快地适应市场变化和顾客需求的变化。企业或者项目可以更灵活地调整业务模式、产品组合和市场定位，以满足不断变化的市场需求。

轻资产运营模式的成功离不开技术的支持。现代科技的快速发展为企业提供了更多创新和运营的机会。例如，互联网和移动技术的普及使得企业可以更便捷地与供应商、合作伙伴和客户进行沟通和合作。大数据和人工智能等技术可以帮助企业更好地了解市场和顾客需求，从而更精准地制定运营策略和产品定位。

2. 农旅轻资产运营

传统农旅项目商业逻辑本质是重资产运营，由资本带来资产，由运营带来回报，通过运营带来的收入覆盖成本（土地、建筑、利息），带来地价及资产增值，这就是项目运营的核心目标。很多项目都存在前期建设投资大、重资产、资金回收周期长的缺点。由于乡村的基础设施不够完善，商业配套受制于各种土地法规而无法落地，文旅业态种类多、产品杂，往往需要政府和市场主体进行大规模投资才能开启，农旅产业发展受到一定的制约。即便很多投资企业进入乡村进行项目投资，不仅投资规模大，回报周期长，还有可能因为种种政策审批、资质获取和市场变化等而中途夭折。因此，农旅产业发展并不适应于大投资大开发项目，反而需要跨界合作和循序渐进，采取轻资产运营模式。

农旅产业链条涉及范围较广，包括核心企业、上游企业、下游企业、配套企业及相关机构。核心企业主要包括观光采摘园、高科技示范园区、生态农业园、市民农园、休闲度假农庄及民俗文化村、民宿、农家乐等直接开展乡村旅游业务的企业；上游企业主要包括与农、林、牧、副、渔相关的企业，农副产品加工企业，手工艺品加工企业，乡村旅游产品相关物资供应企业等；下游企业主要包括旅行社、旅游网络公司、周边旅游景区、广告传媒公司等；配套企业及相关机构主要包括交通、环保、水电、医疗、金融、通信部门以及相关政府部门、乡村旅游协会及民宿协会等。产业链条的上游企业主要是为核心企业提供原材料供给及文旅产品创意与设计；下游企业则主要是作为核心企业与游客的中介，为核心企业进行客源输送及营销宣传；配套企业及相关机构部门是乡村农旅产业链运作的保障。

农旅项目轻资产运营模式的核心理念是由政府和市场主体牵头，统筹构建合作平台，将项目的资产投入降到最低程度，同时通过与其他企业的合作和共享来实现乡村资源的最大化利用，实现多方参与、合作共赢。

农旅项目轻资产运营开发要充分利用周边资源，去掉旅游配套设施等一些重资产，以各类深度体验项目为主体，形成轻资产、重项目、投资回报快的农旅发展模式。这种模式中，农旅项目开发者后置了住宿、会议等需要大体量、重资产的投资，前期充分利用周边资源解决食宿问题，轻装上阵，将主要精力投入游玩体验项目和部分基础设施的建设中，着重提升旅游者的游玩体验。这种模式能够有效减少开发主体前期投入，且能通过游乐项目的运营快速实现投资回报，为农旅项目后续持续的开发建设打下基础。

二、农旅轻资产运营优势

1. 资本效率高

轻资产运营模式可以大大降低农旅项目的初始投资需求，避免大量资金投入，使得更多的资金可以用于吸引游客的其他项目。

2. 灵活性高

由于不依赖于物质资产，所以在面对游客市场日新月异的变化时，项目可以及时进行调整，具有更高的灵活性和更快的反应速度。

3. 风险低

由于项目大部分资产都是通过外包或者租赁的方式获取的，所以项目在面对政策调整和市场风险时，具有更低的风险。

4. 增长迅速

轻资产运营模式有利于农旅项目快速发展和扩张，由于不需要大量的初始投资来购买和运营物质资产，因此可以通过品牌和管理输出，迅速实现连锁经营，扩大发展规模，形成规模优势。

三、农旅轻资产运营策略

1. 创意设计和差异化定位

通过创意设计和差异化定位，找到农旅项目的特色和独特之处。注重挖掘乡村的文化、自然和历史资源，打造与众不同的农旅产品。例如，发展特色农产品、农耕体验、文化活动等，吸引游客体验和品味乡村的独特魅力。打造具有地域特色的乡村形象，提升乡村文旅品牌影响力。

2. 与当地村集体或农户合作

与当地村集体或者农户开展合作，分享资源和分担风险。通过农户提供农田、农产品、房屋、农业体验等资源，实现低成本的合

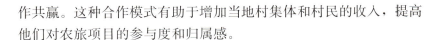

作共赢。这种合作模式有助于增加当地村集体和村民的收入，提高他们对农旅项目的参与度和归属感。

3. 充分利用现有设施和资源

注重本土自然元素及文化元素原生性的保护和利用，充分利用乡村已有的农田、农舍、村庄空间等设施和资源进行改造和提升，避免大搞新建设施。通过简单装修、景观美化、设施更新等方式，将现有的农舍、空地等转化为农旅场所和设施，降低投资成本。

4. 充分应用新技术和互联网平台

利用新技术和互联网平台，提高运营效率和市场推广能力。例如，通过在线预订、社交媒体推广、电子支付等方式，提升农旅产品的可见性和便捷性，降低运营成本。充分利用好网络营销的优势，扩大项目的知名度和影响力。通过将 5G、区块链、大数据、物联网、AI 等新技术嫁接农旅，打造"云网一体"数字化平台，提高农旅数字化管理和营销水平。

5. 多元化和特色化经营

开展多元化的经营活动，拓展收入来源。除了传统的农田观光和农产品销售，还可以考虑开设民宿、非遗项目体验、手工艺品销售、艺术沙龙等业务。通过多样化经营，可以提高收入稳定性和经济回报。同时，要打造自己的特色，提高农旅项目的辨识度，增加核心竞争力。单点引爆、快速迭代、不断放大。单点引爆就是集中资金快速投入优势网红游乐项目，引爆项目客流，快速回笼资金，以利于后期建设开发；同时紧随网络步伐，实现项目的快速迭代；通过回笼资金不断开发新的项目，实现项目不断扩展和升级。

6. 合理控制运营成本

在运营过程中，合理控制各项成本，提高资源利用效率。通过精细化管理运营，有效降低运营成本，提高项目经济效益。如降低获取土地成本：做好项目前期策划和开发方案，对一些国家政策特殊支持的土地（四荒地、旧矿区的生态恢复、法制基地）进行租赁，充分利用优惠政策；降低基建成本，通过租赁或接手别人的旅游项目进行运营，或者借助成熟景区的人流量和成熟配套，减小项目开支、降低投资成本；始终秉承生态文明的理念，就地取材、节约能源、减少浪费，发展绿色生态文旅项目。

以上策略要结合所在乡村的实际情况进行应用，以实现农旅轻资产运营的发展目标，进一步提升农旅项目的竞争力和可持续发展能力，为当地村民提供更多就业机会，推动乡村经济的繁荣。

第三节　农旅轻资产运营品牌塑造

农旅轻资产品牌是指在乡村地区通过农旅轻资产运营建立起来的具有一定知名度和美誉度的品牌。品牌以农旅发展为背景、以乡村文化为内涵、以乡村生态为特色、以轻资产运营项目为营销卖点。塑造农旅轻资产品牌，就是基于乡村所在地的历史文化、风土人情、资源优势等，有针对性地建立乡村品牌、打造精品农旅产品、提升营销策划或执行能力，并通过知识产权保护平台提供一站式品牌保护等服务，多方位提升农旅品牌的认知度和经济价值，守护乡村民俗风情。比如，浙江省打造了"浙系列"品牌，结合文化产业赋能乡村振兴工作，逐步形成"浙里文化圈""游浙里""浙江文旅IP""味美浙江·百县千碗""浙韵千宿""浙里演艺""浙派好礼""浙里千集"等系列特色品牌。

一、加强农旅产品开发

农旅品牌的核心是产品，要打造符合市场需求的农旅产品，才能赢得市场青睐。要了解乡村的特点和优势。乡村通常拥有独特的自然风光、文化遗产和传统手工艺品等资源，这些资源都可以成为品牌的核心竞争力。因此，需要深入挖掘和利用这些资源，打造独具特色的品牌形象。重视产业链的打造，乡村农旅产业涉及多个领域，如农业、旅游、文化等，要充分发挥各个领域的优势，打造完整的产业链。同时，要在产业链中探索更多的商业模式，如产品加工、旅游服务、文化创意等，从而提高产业的附加值和盈利能力。

二、打造品牌内容和品牌形象

品牌形象是农旅项目品牌的窗口，直接影响着游客的认知、信任以及购买决策。不要盲目跟风，要深度挖掘乡村文化和旅游资源的特色，打造独具特色的农旅品牌形象。因此，在打造农旅品牌的过程中，要注重品牌形象的设计和传播，打造出具有乡村特色和文化内涵的品牌形象，提高品牌的知名度和美誉度。要注重品牌的呈现和体验，通过开展线上线下活动、参加展会、社群营销等方式来扩大品牌的影响力。同时，也可以与旅游机构、康养机构、教育机构等合作，共同促进农旅品牌的推广。要持续关注品牌的发展和改进，也需要加强品牌的管理和维护，确保品牌形象的一致性和稳定性。

三、重视农旅品牌营销推广

在当今市场环境中，互联网和各大媒体上承载着海量信息，如果农旅项目不开展营销推广，基本会被海量信息淹没。市场营销是乡村品牌推广的关键环节，只有通过有效的市场营销手段，才能让更多的消费者了解和认可乡村品牌。因此，在打造乡村品牌的过程中，要注重市场营销策略的制定和执行，根据不同的市场需求和消费群体，采取不同的营销手段，提高品牌的曝光率和销售量。要用多种渠道、多种方式进行品牌营销和推广，如电视网络媒体、社交媒体、广告投放、线上线下活动等，提高品牌知名度和美誉度。同时，要注重与消费者的互动和沟通，通过良好的活动体验和多维度的互动交流，做好体验式营销和社会化营销，建立良好的客户关系，促进品牌口碑的传播。

四、创新盈利模式

农旅项目的盈利模式可以多样化，如门票收入、住宿收入、农产品及其他商品销售收入、文化演出收入等。要通过创新，不断拓展盈利渠道，如开发线上线下融合的商业模式、打造会员制等，提高产业的盈利能力。加强产业协同，农旅产业需要与其他产业协同合作，如与农业、林业、加工制造业、服务业等进行合作。要通过合作共赢的方式，发挥各个产业的优势，共同推动农旅产业的发展。

第四节　农旅轻资产发展模式

一、合作开发

合作开发是轻资产运营模式的重要组成部分，通过与合作伙伴进行合作，可以分散项目风险，获得更多融资，提高农旅项目的流动性和盈利能力。

二、品牌输出

品牌输出是一种轻资产运营模式，以品牌为优势，通过输出优

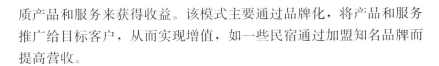

质产品和服务来获得收益。该模式主要通过品牌化，将产品和服务推广给目标客户，从而实现增值，如一些民宿通过加盟知名品牌而提高营收。

三、搭建产业服务平台

以农旅产业服务平台为支撑，搭建产业融合服务平台，以增值服务为核心盈利点，通过聚焦相关产业黏性，提供相应的配套和服务，以增加服务端的比重，实现产业链条增值。

四、投资孵化模式

投资孵化模式是一种将乡村和农旅企业进行利益捆绑的运营模式，通过股权分红等获得收益。这种模式要求企业具备专业的产业知识和资源整合能力，并要求政府提供金融支持和政策支持。

五、资产证券化

资产证券化是将项目形成资产包，当项目达到良性状态时，形成不动产投资信托基金（REITs）快速变现。从资本运作来看，分为增加资产、增强资产和剥离资产 3 个阶段。在增加资产阶段，开发新产品或收购有价值的资产；在资产增强阶段，招商运营，获取稳定租金和增值服务费，培育为成熟的项目；在剥离资产阶段，通过 REITs 的形式打包出售资产以回笼资金，并支持下一项目的开发或收购，从而实现滚动式开发。不过这种做法也有一定的特殊性，无论是中国式 REITs，还是搭建境外架构，REITs 还面临着自身的行业难题，比如以销售为主、收益稳定可靠的优质资产稀少；工业用地年限较短并有进一步缩短的可能等，都限制了项目借用 REITs 推行轻资产的可能性。尤其在乡村受土地性质制约，资产证券化存在更大难度。

第五节　农旅轻资产网红场景打造

根据乡村文旅目标市场的需求，设计符合需求的食、住、行、游、购、娱等产品。在农旅项目设计上，可以注重景观的多样性、体验的互动性、文化的传承性等，以满足游客对乡村景观、体验和文化的需求。

一、"网红"＋食

美食作为旅游市场发展的新引擎，正成为旅游市场新的增长点。美食在乡村旅游建设和发展体系中的地位越发突显，各地都在探索"美食＋文旅"的融合新模式。

1. 突出地方性

各地的饮食无不是在当地的地理、物产、政治、人文历史、社会风俗等因素的综合影响下，经过漫长的时间演变而来的，具有很强的地方特色，因此要充分挖掘地方饮食文化，为餐饮产品赋能。

2. 体现特色性

旅游者来到乡村体验美食的重要动机之一是求新求异、体验异地风情，因此在开发时应当充分体现当地的民俗文化特色。

3. 注重创新性

创新性主要体现在原料、调料、烹饪方法、器具、环境、服务手段等各方面的创新，使之有别于之前的传统美食，从而形成新的吸引力。

成功案例

贵州村超美食

据报道，贵州省黔东南苗族侗族自治州榕江县的三宝侗寨，是"村超"的起源地。这个古朴且充满魅力的传统村落，周围环绕着山脉和溪流，拥有丰富的自然资源。这里的酸汤鱼、花椒鸡、杂粮饭等传统侗族菜肴口味独特，让人回味无穷。继贵州"村BA""村超"火了之后，贵州正在打造"村餐"新品牌。

村超美食的发展自2023年8月15日贵州榕江美食足球友谊赛后拉开序幕。从当时贵州大学生态茶队对阵广西大学甘蔗汁队，黔东南酸汤队对阵佛山市桂城竹笋队，到一个月后的湘西腊肉足球队对阵贵州凤冈雪花牛肉足球队，贵州以这样的形式，将美食既作为"村BA""村超"的旅游配套，又作为对乡村美食的弘扬。以"村餐"为品牌，对内通过建设农村食堂，为农民提供健康饮食，并推动农村经济的发展和农民生活品质的提升；对外则让贵州"村餐"走出贵州，带动贵州村民在外就业。

在比赛现场，观众不仅可以欣赏到精彩的足球比赛，还可以品尝到各种美食。作为"村超"足球赛的延续，来自全国各地的足球队带着自己家乡的美食和文化展演来到榕江，美食足球相得益彰。"村超"球场旁篮球场摊位上卤鸭、烤鱼、米粉、荷花宴、刀尖肉、宽粉、红烧肉、薏仁米等各地美食纷纷亮相。

二、"网红"＋住

由于旅游市场的多层次性和多元化、游客心理诉求的多样化，住宿业态主体趋于多元化、零散化，但各个住宿业态没有较好地发挥各自特色，同质化现象严重。因此，乡村民宿应致力于打造有别于传统住宿的体验，强调个性化服务，在遵循住宿安全管理要求的大前提下，追求对住宿个性化、特色化的塑造。

成功案例

过云山居，江南首家主打"赏云"主题的精品民宿

据报道，过云山居位于被誉为"江南最后桃花源"的丽水市松阳县西坑村，该村是坡地古村落的代表之一，有"中国美丽休闲乡村"之称。这个海拔 600 多米的村落，保留着 21 幢清代古民居，还有祠堂、石巷和夯土老宅，檐下挂着草药，古驿道穿村而过，参天古树众多。西坑村于 2014 年入选第三批国家级传统村落名录，也被评为浙江十大最美乡村、浙江省 AAA 景区村、浙江省休闲旅游示范村。

过云山居民宿内视野开阔，一览无余，直接面对着落差近 500 米的 V 形峡谷，视野里有梯田、竹林、古宅，每年更有 150 天时间可以看到缥缈云海，是江南第一家主打"赏云"主题的精品民宿。过云山居现有 13 间客房，每间客房仍以"壹朵""贰朵"等云朵来命名，二楼客房配备独立的山景露台，一楼客房都有全景落地窗，客房风格是透露着简约禅意的中式风格，房间内的落地玻璃充分实现"借景"，将窗外 180 度峡谷山景置入室内。民宿还配套了咖啡区、餐饮区等公共空间。

户外则有两处露台，一处进门可见，留了一面夯土墙做云海的玄关，另一处露台大且开阔，原本是山体斜坡，搭建后凌驾于海拔 650 米之上，与云比肩。由于特殊的地理结构，过云山居的云海显现出极为罕见的"云潮"景观，云潮从谷底奔腾到海拔 700 米只需要短短一两分钟，民宿的客房都能观赏到云海奇景。

三、"网红"＋行

旅游交通产品形态是根据市场需求开发的以交通产品提供为主的经营模式，包括邮轮（游艇）水上观光、遗产铁路观光、特色旅游公路、越野赛道、低空飞行项目等；旅游交通经营形态则聚焦在营销方式和盈利模式方面，如驿站博物馆及汽车旅馆、码头小镇、自行车赛事等。

成功案例

烟火气十足的网红路——清远"彩虹路"

据报道，"多彩北江·凤舞清平"乡村振兴示范带起始于清城区石角镇，串起了5个行政村（社区）、53个自然村。沿途乡村自然景观、现代工业田园综合体、特色河鲜美食、人文历史，绘出"水韵清城、美在石角"的乡村振兴新画卷。该路段称为"彩虹路"，平整宽敞的路面以红、黄、蓝三色喷涂，极目远眺，犹如彩虹，将沿线乡村美景串珠成链。踏入"彩虹路"，远处山景、依偎江景，令人仿佛置身绿美画卷，流连忘返，也成为众多市民"打卡"的地方。

石角镇已在辖区内形成"北线生态文旅组团"和"南线康养旅居组团"两大特色组团，其中北线以乡村振兴示范带彩虹公路为轴线，沿着北江堤岸将"星链之音"露营基地、国潮"1953创意产业园"、翔鹏户外旅游度假区、"十里江景"草坪沙滩、"网红大榕树"、灵洲河堤心屿壹号民宿等生态文旅资源串点成线。

夜经济升腾镇域"烟火气"。夜色渐渐弥漫，骑行、散步的人逐渐离去，彩虹路的"夜生活"也拉开序幕。北江大堤上，"车尾箱"摊主准备开启夜市经营。与白天的安静闲适不同，夜晚的石角是另一番风情。车尾集市、啤酒夜市，三五好友相聚，一家老小游玩，他们卸下疲惫，尽情享受轻松的夜晚。

四、"网红"＋游

网红旅游是互联网迅猛发展的必然产物，新、奇、怪的特色旅游景点往往成为大众关注的热点，每一个爆红的景点背后，都是一个个新奇的创意和体验。无论是网红景点还是网红项目，都具有"颜值高"、代入感强、流量多的特点。乡村通过引入具有辨识度、有创意、有特色的项目，带来轰动性效应，实现了乡村走红的目的。搭建网红场景，丰富营销渠道。内容创意加上网红场景，线下景区导流，线上短视频平台助推，共同作用，形成良性闭环，实现走红全国。

📋 成功案例

贡米小镇　打造乡村特色文旅

据报道，走进吉林省通化县的"鱼米之乡"西江镇，首先映入眼帘的是一片上万亩*的稻田。眼下正是水稻丰收的季节，稻穗饱满，簇簇铺满稻田。在稻田上建有 3 100 米的观光栈道。游客走在古色古香的栈道上，可以听到蛙鸣声，闻到稻香味，观赏到稻浪。这里是贡米小镇的核心区域贡米文化园。园内还建有稻

＊　亩为非法定计量单位，1 亩＝667 平方米＝0.067 公顷。——编者注

草人公园和蔬菜水果大棚。游客可以在游玩中体验童趣和采摘乐趣。在园内，有一个以老东北民间文化为主题的民宿——稻家里。园内配有黄土墙、稻草房、篱笆院、苞米仓、充满关东气息的家具用品、糊墙纸、大花被、关东炕等，最大程度地还原了原汁原味的老东北味道。

近年来，该地大力推动乡村旅游业的开发和建设，走出了一条具有中国特色的乡村文化振兴之路。2018年贡米小镇被评为国家AAA级景区，现已成为县域内的一道农业旅游休闲胜地。景区年均游客量达7万人次以上，2019年度带动集团营收1 300万元。

贡米小镇产业园的建设不仅提高了农村闲散土地的利用率，而且旅游业的兴起也增加了对稻米产业用工和小镇旅游用工的需求，从而为农村贫困户和农闲剩余劳动力提供了就业岗位，增加了农民的收入，提高了农民的生活水平。

五、"网红"＋购

在旅游过程中购买旅游纪念品、旅游工艺品、土特产品、旅游用品等旅游商品，是旅游者的一项重要活动内容。立足于旅游购物的感性消费本质，结合网红经济，以"攻心为上"为原则，采取有效的策略和手段推动乡村旅游产品开发与经营的创新，促进旅游购物消费健康、快速发展。

📝 成功案例

柳州螺蛳粉

螺蛳粉，柳州风味小吃之首，2018年获准注册地理标志证明商标。近年来，凭借电商的发展，螺蛳粉"臭"名远扬，一跃成为美食界的顶级流量，2018年更是击败东北烤冷面、武汉热干面等坐稳网红美食的头把交椅。

从米粉制作、螺蛳养殖、腐竹酸笋等配料的生产包装、物流运输到终端销售，柳州市政府以质量、标准、品牌、认证认可为核心，对螺蛳粉产业设立高质量要求、高发展标准。它由柳州特有的、软滑爽口的米粉制成，加上风味独特的酸笋、木耳、花生、油炸腐竹、黄花菜、鲜嫩青菜等配料，配合浓郁适度、酸辣爽口、奇特鲜美的螺蛳汤，凭借独有的酸、辣、鲜、爽、烫特色，让人回味无穷。

六、"网红"＋娱

随着旅游业的进一步发展，旅游娱乐项目越来越好玩，也越来越丰富多彩。乡村网红娱乐项目要想在花样繁多的大众娱乐项目中脱颖而出，就必须尽量在旅游娱乐项目中融合文化因素，突出文化特色，使之成为"长红项目"。在旅游娱乐项目中融入流行文化元素和地方文化特色，结合各种乡村民俗和民族节日，成为吸引游客的关键因素。提高参与人员的服务水平，出色的旅游娱乐项目和真诚、热情、纯朴、高效的接待服务是分不开的。

成功案例

多人秋千

"网红大秋千"是由传统的绳索运动改进而成的，网红多人秋千玩法比较新颖，基础的游乐设施加上秋千规律波动所组成的美轮美奂的场景对于主题性的游乐场而言更具吸引力。其价格适中，并且投资小，赚钱快。

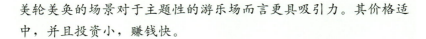

彩虹滑道

　　彩虹滑道，外观比较绚丽，其主要构件为塑料轨道，视地形一次可以架设 6~8 条滑道，成本在 100 万元左右，彩虹滑道可单独售票，也可以包含在门票内，单独售票价格一般在 30 元左右。彩虹滑道主要应用于游玩类、亲子类旅游目的地，安全性绞高，适合人群广，具有强烈的标识性，很容易成为景区的核心，可以吸引人流，实现流量的转化。

第二章
休闲农场轻资产运营

　　作为乡村旅游的一种形式，休闲农场运营的核心理念是以农业产业为基础、乡村文化体验和乡村环境为依托，秉承生产、生活和生态的"三生"理念。农业生产是休闲农场存在的基础，是其经营活动不可偏离的主题和方向。生活是休闲农场存在的目的和意义，这里的生活既包括农场主人及其所有工作人员的生活，又包括游客的休闲度假生活。生态是农业存在的基础，尤其是当代人追求的健康有机农产品生产的基础，因为优质的灌溉用水、天然的有机肥料以及清洁的空气等，都是保证健康农产品产出的基本条件。

　　休闲农场的蓬勃发展折射出乡村新产业、新业态发展的步伐，有利于不断打开乡村发展空间，为全面推进乡村振兴注入新动能。休闲农场是在充分尊重农业产业功能的基础上，合理开发利用农业旅游资源和土地资源，以农业旅游休闲项目、农业配套商业项目、农业旅游地产项目等为核心功能架构，整体服务品质较高的农业旅游休闲聚集区。

第一节　运营模式

　　休闲农场属于产业融合发展、跨界经营。休闲农场轻资产运营更是将传统农场运营从专业化向集团化、平台化转变，更像是一种

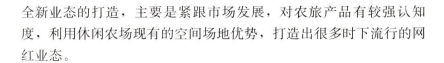

全新业态的打造，主要是紧跟市场发展，对农旅产品有较强认知度，利用休闲农场现有的空间场地优势，打造出很多时下流行的网红业态。

一、连片发展模式

以政府投入为主建设基础设施，带动村民集中连片开发现代观光农业。政府投入主要用于基础设施建设，通过水、电、气、路、卫生等基础设施的配套和完善，引导村民根据市场需求，结合当地优势，开发各种农业休闲观光项目，吸引城市居民到农业观光园区参观、休闲与娱乐。

该模式依托自然优美的乡野风景、舒适怡人的清新气候、环保生态的绿色空间，结合周围的田园景观和民俗文化，兴建休闲、娱乐设施，为游客提供休憩、度假、娱乐、餐饮、健身等服务。

二、共享合作模式

在农民承包地合理流转集中后，建立休闲农园，以"认种"方式让城市居民委托农民代种或亲自种植花草、蔬菜、果树以及经营家庭农艺，使消费者共同参与农业投资、生产、管理和营销等各环节，与农民结成紧密联结关系，体验和参与农业经营和农事活动。共享农庄模式提倡因地制宜，在统一规划下小规模、创新性发展农庄经济，避免了过度城镇化过程中对农业生产环境的侵害，能让无法规模城镇化的区域也享受人居升级，还可以逐步实现农民增收与科技导入、城乡交流融合。

三、产业带动模式

休闲农场首先生产特色农产品，形成自有农产品品牌。对农产品的外形、包装进行创意设计，也可以围绕特色物产进行其他文创开发，创新营销模式，然后通过休闲农场平台，吸引城市消费者来购买，从而拉动农场休闲产业的发展。在这类园区，游客除了进行餐饮和休闲旅游消费，还可以实现农产品及衍生产品购买，通过与物流公司合作还可以实现更多的复购。

四、村居康养模式

依托乡村生态景观、田园风光、农家院落、健康食材等资源，提供食宿、康养、保健等服务，让人们回归自然、享受生活、健康养生。长寿文化型、生态养生型、医养结合型等各类村居康养项目如雨后春笋般涌现，满足了城乡居民养生、养心、养胃、养肺、养脑、养颜等多元化消费需求。

第二节　实战成功案例解析

一、台湾花露花卉休闲农场

据报道，台湾花露花卉休闲农场（图2-1），又称花露鼻香花园、花露香草能量花园，位于苗栗县卓兰镇。花露花卉农场规划得精致小巧，占地面积仅五十余亩，在过去运营的30年间历经了从单一花卉观赏到花卉产业专业化的过渡。园区内容丰富，由香草能量花园、薰衣草花田、花卉主题餐厅、二便文化概念馆、精油博物馆、城堡旅社和配套服务区等组成，兼具花卉农业体验、休闲娱乐及花卉精油科普教育功能，园区坚持深耕花卉产业和花卉文化，是国内外知名的创意花卉产业园。

苗栗县作为我国台湾重要的农业县，降水充沛、温度适宜，对花卉的生长过程非常有利。农场主人陈基能早期在台北经营花卉事业，并研发创意造景盆栽，后来他在卓兰邂逅一处柑橘树园，买下后辟建了这座农场，取名为"花露"。陈基能最初将农场定位为单纯的花卉观光园，可是当面临大量同质化花卉农场竞争而其并无自

图 2-1 台湾花露花卉休闲农场

身特色时，农场陷入了困境。陈基能思考后对农场结构作出了调整，引入了精油产业，同时强化了农场的文化创意，自此形成了农场今天的雏形。

具体举措

1. 产业融合发展，打造产业链闭环

该休闲农场并没有靠收门票赚钱，而是以花卉为基础，衍生出商品和新的生活方式，联合一、二、三产协同发展，从而实现了多产营收，确保了农场利润。一产种植的各种芳香植物，可以为二产的深加工提供原材料，延伸出各种花卉食物、护肤品、文创产品、科普教育产品等，三产以一、二产为本，提供服务和旅游配套。这种产业链的闭环发展，能够提高产品附加值和市场竞争力。

2. 从卖产品变成卖生活方式

由经营产品转变为经营用户。花露花卉休闲农场主打"精致生

25

活方式"，为了实现这个目标，该农场的花卉产品和水果都是生态、有机的，同时衍生的精油等系列产品又是优质的。

花露花卉休闲农场内建了一个精油博物馆，这是农场的特色之一，也是台湾唯一的精油博物馆。另外，馆内也会给游客介绍很多不同的芳香植物，介绍芳香植物精油萃取过程，游客可以亲自体验精油提炼，还提供调制香水、天然护肤霜等 DIY 课程。农场还建了一个园林餐厅。该餐厅也是以花卉为主题，其中芳香植物也能成为桌上佳肴。此外，农场还设计了精油城堡。城堡内设有多种特色民宿，还利用当地知名的油桐花制作了项链等文化创意商品，创办了台湾独一无二的"携手桐心"桐花婚礼。

3. 重视社群营销

只要满足一部分人的需求，并不断地为这些用户提供服务，就可以获得生存发展的机会。花露花卉休闲农场的目标消费人群是高层次的白领和新加坡等东南亚地区的高收入人群。该农场通过提供高品质的产品和服务满足这部分人的需求，从而实现农场的盈利，这其实就是社群营销。

二、成都"五朵金花"休闲农场

据报道，成都"五朵金花"休闲农场是由成都市政府根据三圣乡红砂村、驸马村、万福村、江家堰村、幸福村五个村经营花卉的不同特点，因地制宜打造的乡村旅游区域。景区投入了大量的人力、物力、财力，依托借势造势的模式，借助错位发展的理念，在三圣乡 12 平方千米的土地上举办花博会，以此打造了"荷塘月色""幸福梅林""江家菜地""东篱菊园"等各具风格的旅游度假村，人称"五朵金花"。"五朵金花"因其独具一格、主题鲜明，成为国内外四星级休闲农场度假景区。

具体举措

1. 因地制宜，错位发展

"花乡农居"成为以发展小盆、鲜切花和旅游产业为主导的观光农业特色景区（图2-2）；"幸福梅林"围绕梅花文化和梅花产业链，发展乡村旅游业，形成了全国规模最大、品种最齐、数量最多的梅花基地之一；"江家菜地"以认种的方式，把传统种植业变为体验式休闲产业，实现城乡互动；"东篱菊园"以非洲菊为主打品牌，实现了花卉设施化、产业化生产，形成全国最大的菊花培育基地和展示种苗成长过程的观光基地；"荷塘月色"通过引进知名画家、自由画家，打造"户户都是画意村"，带动绘画相关产业的发展。

图2-2 成都"五朵金花"之"花乡农居"

2. 景观化打造，现代化建设

一是农房改造景观化。对农房以就地改造为主，采取"农户出资、政府补贴"的方式进行改造，使民居成了一道道风景线。二是基础设施城市化。按照整体规划，以城市道路、污水处理、天然气等生活设施标准，完善乡村基础建设。三是配套设施现代化。四是景观打造生态化。打造湿地，新建绿地，保护原生态植被。五是开发土地集约化。对土地硬化严格监管，整合农宅，拆除违建，严禁乱搭乱建，减少农房占用耕地。充分利用荒山、沟渠、坡坎等土地修建配套经营性用房和会所，盘活土地资源，使有限的土地资源发挥最大的效益。

3. 文化润色，产业支撑

一是以品质打造品牌。以申报国家 AAAA 级风景旅游区和承办中国首届"乡村旅游节"为契机，采取政府制定统一标准并给予适当补贴的方式，引导景区内的经营者对厨房、厕所等基础设施进行统一改造，全面系统地规范了景区内的经营场所。二是以文化提升产业。从景区的错位互补和协同发展入手，加大对"五朵金花"特色文化创意产业的培育力度。通过打造"荷塘月色画意村"、引进"许燎原设计艺术博物馆"等手段，吸引绘画、摄影、雕塑等艺术家扎根乡村，使"五朵金花"成为艺术家的聚集区和艺术加工厂、艺术大卖场以及艺术大堂会，带动农民融入文化产业链。三是以项目促进发展。利用"成都国际花卉产业园"项目，运用"前店后厂"的花卉产业模式，将"东篱菊园"打造成为垄断西南、全国甚至成为国际市场上的非洲菊种苗供应地。

4. 离土不离乡，就地市民化

"五朵金花"不征地、不拆迁，实现了农民离土不离乡，进厂不进城，就地市民化。一是构建农村保障体系。统一城乡社会保障体系，把农民全部纳入了新型农村合作医疗。二是构建城乡教育体系。实行了城乡一体的教育管理体系。三是构建了农民就业体系。依托管理、宣传、信息、培训四级劳动就业保障网络，大力开展农民就业技能培训；充分运用社区金融小额贷款和家庭创业活动平台，通过政府引导，开发就业岗位，多渠道促进失地、准失地农民就业。四是构建了农村发展体系。依托"五朵金花"实现农业发展产业化，加快农村集体经济改革，向股份化公司化发展。

5. 发展资金来源，渠道多元化

"五朵金花"的打造运用"政府主导、社会参与、多元投入、市场运作"的机制。锦江区政府投入 8 300 万元，用于搭建融资平台，撬动和吸引民间资金 2 亿元。资金来源渠道主要包括三种：一是政府引导。四川省成都市锦江区在财政、税收、信贷政策上向农村和农业倾斜，其中农房改造一项，政府投入 2 827.1 万元。二是吸引社会资金介入。按照政府合作经营、先行投入再溢价退出的方式，引进了成都维生、上海大地等花卉龙头企业和北京金港赛道等知名企业入驻。2004 年以来，共吸引 37 家大型企业入驻，吸引民间资金投入 2 亿元。三是集体资产参与。村集体通过将集体土地、堰塘、荒坡等资产出租，将获取的租金用于"五朵金花"的打造。

三、台一生态教育休闲农场

据报道，台一生态教育休闲农场位于我国台湾南投县埔里镇，农场面积由最初的 45 公顷扩增至 50 公顷，场地跨区分布在埔里镇、仁爱乡及鱼池乡三个乡镇。

台一生态教育休闲农场以自然生态教育为主，有全亚洲最大的蝴蝶生态馆和甲虫生态馆、押花生活馆、亲子戏水区、浪漫花屋、可爱动物区、度假木屋、景观花园及各类生态标本区等（图 2-3）。农场内的花神庙旁还设有"花神许愿池"，可供来此的民众许愿，如许愿成功花仙子还会给你一个小小的惊喜。除此之外，园区内还养了一群"自由之鸽"，游客可亲身体验喂食鸽子的乐趣。目前为提升休闲品质以及文化教育内涵，园区更是聘请多位艺术、文化顾问，在农场增设许多融合生态、艺术的典雅设施，让农场成为一处兼具农业休闲和教育的观光景点。农园专设观光部，负责旅游推介、接待与导游业务，同时还制作与花卉有关的食品。在市场定位上，农园平时主要接待学校师生，为其毕业旅行或户外教学服务，周末则以吸引度假的客人为主，天天都有生意做。

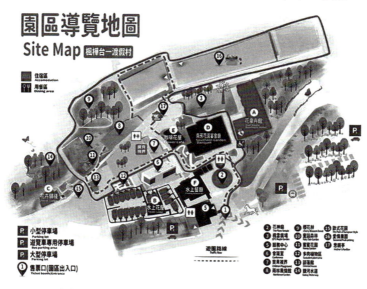

图 2-3　台一生态教育休闲农场园区导览地图

具体举措

1. 通过生态资源与景观建筑，打造特色游玩景点

台一生态教育休闲农场以其独特的地理位置和丰富的生态资源禀赋，经过匠心独具的巧妙布置，让整个农场花草相映，既有花香四溢的特色景观"花神庙"，又有仿佛置身热带雨林，各类蕨类植物争展绿意的"雨林风情馆"，同时还有被各种花卉、落羽松包围，美如仙境的"银河水道"等。

2. 通过生态资源与美食餐饮，创新地方美食餐品

台一生态教育休闲农场不仅为游客们提供自然健康的美食，同时依据农场特色，进行鲜花美食创新，如玫瑰石莲花手卷拼盘、百果香紫米饭盅、台一手工冰激凌、花卉水果橙汁虾等。另外，农场除了餐厅内的特色美食餐品之外，还巧妙通过"蜜蜜花园"的观光线路，既为游客们营造沉浸式的观赏体验（蜜蜂生态介绍、现场蜂蜜汲取等），又将农产品（蜂蜜及花粉等）进行现场直销。

3. 通过生态资源与文化民俗，增强人文互动参与

台一生态教育休闲农场将深厚的高山民族文化融入农场活动，既让游客们近距离接触当地民俗文化，又增加游客与当地居民的互动参与，如小农市集和 DIY 押花课程体验等。

4. 通过生态资源与场地空间，拓展功能多样组合

台一生态教育休闲农场在现有地形和资源的基础上，充分拓展场地空间功能，既为游客们提供休闲放松的特色住宿，又能让游客们享受自然环境办公的"绿林会议"，同时，还能承办大型婚庆典礼等。

5. 通过生态资源与购物体验，融合上下游产业链

台一生态教育休闲农场不仅将自然生态资源变为"可赏、可玩、可食、可住"的特色旅游资源，还依据农业特色和观赏体验，为游客们提供融合上下游产业链、减少中间环节的"可购"之旅。农场在园区商店为游客们提供富含主题特色的各类商品、农副产品、纪念品，既能满足游客们与他人分享游览购物体验，又能加深、延长农场游览体验，形成品牌扩张效应。

第三节　发展启示

一、超前项目规划，合理进行布局

休闲农场建设，包括管理、生产、加工、营销、景观设置、配套设施等多方面的建设。区位交通、气候条件、生态环境、产品内容等都与农场成败息息相关。所以，在做农场之前必须有一个清晰的思路，比如市场定位、功能分区、项目设置、开发原则与时序、经费预算、效益分析等方面都要做好规划设计。在外部布局上，要选择区位交通条件便利的地方，能与周边同类项目及景区景点具有互补性，能与整个区域发展形成互动，这样才能获得较为广泛的客源。在内部布局上，要将生产区、观赏区、加工区、休闲区等有机合理搭配，尤其是景观设计和游憩设施，要充分考虑游客的体验感，尽量做到移步换景，不走回头路，休息区设置合理。

二、发展精致休闲农业，将农产品做到极致

一方面，要充分挖掘、发挥项目支柱农业产业的园林艺术价值，进行建筑、景观小品等基础设施外观的精致化打造；另一方面，以生产高品质、高科技、高附加值的农产品为目标，将农产品的价值发挥到极致，并将文化创意与在地文化结合，设计出精致的特色农产品及相关衍生品。例如，我国台湾南投县信义乡农会依托当地的梅子特产，设计出几十种特色产品，并辅以创意设计包装，成为当地最具特色的农特产品和最受欢迎的旅游商品。

三、设定特色主题，注重文化的开发融入

鲜明、突出的个性和主题就是休闲农场独一无二的亮丽名片。例如，台湾的农场主几乎都有一个普遍的共同点：特别热爱乡村，

钟情于田园生活，致力于自然生态的涵育和环境保护；不追求短期的暴利，长期用心打理自己的农园。在建设和经营过程中，他们会将农场视为自己的艺术作品，不断融入自己的个性化创意，精雕细琢，游客可以明显地感受到农场主的艺术风格和个性追求。主题要能够突出休闲农场最有特色的部分，最好在名称上就有所体现，如"飞牛牧场"明显是以奶牛为主题，可体验牧场生活。休闲农场打造一种生活方式和生活品质，不仅仅是销售产品，更注重提供一种精致的生活方式和生活环境。通过原生态、有机的农产品，以及充满文化创意的相关产品，满足消费者的高层次精神需求，为游客提供更高品质的体验。

四、以产业为本，融入多元创意

休闲农场的基础是农业种植、养殖，俗话说"无农不强，无旅难富"，脱离了农业，休闲农场就名不副实。开发多元化的新、奇、特农产品是农场经营的核心竞争力。很多农场都根据种植的产品开发了深度产品，这些产品一般是在市面上和其他农场购买不到的。产品的精深加工显得尤为重要，要将生鲜产品向干货制作、开发功能饮品、提炼美容保健品、旅游商品等方向发展，延长产业链。创意、体验要深化，无论是产品、包装，还是景观小品，都要注入创意，可适当结合时尚元素，让游客有耳目一新、眼前一亮的感觉。休闲农业可用的资源很多，自然资源、农业资源、乡土文化、民间技艺、民俗节庆、传统手工等，都是难得的宝贵资源。只要运用得当，加入一定的创意改造，就能起到意想不到的效果。有创意的产品才具有恒久的生命力。

第三章

乡村帐篷露营地轻资产运营

露营已成为大众喜爱的旅游休闲方式。通常露营地是人们在露营活动区域开设的能够提供包含多种旅游要素在内的供游客进行自助或者半自助活动的场地，旅游要素可能涉及饮食、娱乐、购物、设施设备租赁、信息获取、休闲活动组织、医疗救护等方面。露营地是伴随旅游业发展出现的，介于观光和度假产品之间，是能够为人们提供充分与自然界紧密接触机会的同时，为车辆提供停靠和补给，为游人提供休息、住宿、娱乐、休闲服务的场所。乡村露营地作为一种休闲度假新产品，与农业观光、创意农业、农耕体验、乡村手工艺、养生养老等功能融合，成为促进休闲农业多样化、个性化发展的体现。

随着乡村旅游的快速发展，乡村帐篷营地建设已成为乡村旅游的重要组成部分。帐篷露营地在原本单纯住宿属性的基础上不断融入文化、娱乐元素，从而成为一种全新的生活场所，一种新的理念，一种生活交流的空间和一个综合的社区。以帐篷露营地为基点，充分挖掘网红游、亲子游、采摘游、沉浸式体验游等多元化的乡村游模式，全方位带动周边农产品销售，形成特色餐饮，打造农业体验、农业采摘、户外运动等多维度产品，从而全面提高乡村知名度并形成品牌，助力乡村经济发展。

第一节　运营模式

运用帐篷元素，打造新鲜的住宿体验，因为帐篷在满足现代都市游客的多种住宿要求的同时，能成为乡村休闲度假的独特卖点，丰富都市人住宿体验，吸引其留下来，为发展乡村旅游、休闲旅游提供不一样的选择。

一、露营类型

1. 传统露营

传统露营是指游客携带帐篷、睡袋、便携桌椅等基本设备，追求便捷、性价比高的露营方式。小区、公园里的随便一处的草坪都可以看作是传统露营者的营地，如果爱冒险，山林、荒野则是他们更好的选择。

2. 便携式露营

便携式露营，又称为"一价全包"式露营，消费者不需要携带帐篷、睡袋等露营设备，营地提供所有露营装备，只需旅行者前往体验的轻松旅行，如自驾车露营基地、民宿露营基地、木屋露营基地等。

3. 精致露营

精致露营又称为"glamping"，比传统露营更讲究，露营者携带的器械数量更多，比如房车、卡式炉、蛋卷桌、咖啡机、烧烤装备等，追求的是精致的露营体验。

二、帐篷露营地的优势

1. 受土地性质限制小

近几年，很多休闲农业园区因为"大棚房""非法占用农田"等，导致设施被拆除。很多休闲农业园没有建设用地指标，只能建不大于19平方米的看护房，这很难满足做休闲农业的需求。而一顶颜值高、性能好的帐篷，恰好可以弥足一些设施建设问题。建设帐篷露营地不破坏自然环境，让消费者真正与大自然亲近的同时，实现乡村变社区、帐篷变居所的理想，还可以解决乡村旅游住宿用地不足的问题。利用帐篷易建设、易拆除、易组合的优势，灵活选取营地位置及规模，不受宅基地分散的影响，实现规模化经营。

2. 手续简便，搭建环保

因为帐篷露营地建设强调对大自然环境的零介入，易建设、易拆除，主体无土建，因此搭建帐篷露营地的审批手续也相对简单，可以快速开展相关搭建工作。

3. 造价灵活，造型新颖

营地建设投资成本低，主要由租金和基建构成，一次性投入的资金压力较小，可以由当地政府负责基础建设，投资者以轻资产的投入运营即可撬动乡村生态资源，为美丽乡村提供产业支撑。帐篷造价相对较低，而且更加绿色环保，搭建时间短，大大减少了施工时间，能轻松地将田园理想与社区建设统一。与普通建筑相比，帐篷的款式多样，造型独特，适合不同风格的乡村度假地，更便于嫁接乡村元素和乡村场景，突显当地特色。帐篷除了用于住宿，也可以用于餐饮、休闲等。

三、帐篷露营地发展模式

1. 帐篷露营地＋生态环境模式

乡村帐篷露营地因为地处乡村，有着优美的自然风光，针对资源环境的不同，大体上分为滨水型乡村营地、山地型乡村营地、森林型乡村营地、田野型乡村营地等类型。这种模式最接近传统自助式营地，在选址与建设中，会保留和利用当地特色自然环境，打造营地内极具特色的自然景观，功能分区上一般包括服务区、娱乐区、补给区、自助烧烤区、儿童拓展区等。此类营地的游客，人群覆盖广、自驾游为主、停留时间短、重游率高，以休闲放松为目的，运营上营地会推出特色草地烧烤、音乐下午茶、户外运动等自然沉浸式项目。

2. 帐篷露营地＋乡村农场模式

此类模式是依托农业生态园、果蔬基地等农业生产资源建设农场型乡村营地，其特点是有较完备的基础设施、服务设施，且游客参与度较高、体验性较好。此类营地往往在前期就要重视资源的整合，以丰富农场体验或联动双赢为目的，因露营活动偏重采摘劳作、享受田园趣味，可增加体系化的农事项目，丰富营地研学教育功能，不仅能带动村集体或农户的收入，还能通过创新营地活动解决季节影响较大、复游率不高的问题。

3. 帐篷露营地＋特色民宿模式

乡村民宿产品注重乡情、热情，更乡土、更淳朴。而露营地产品注重自然、自由，更真实、更原生态。但其实民宿的"民"和营地的"野"结合，也可以看成度假和休闲的结合，服务和活动组织的结合，会给游客带来不一样的度假体验。

4. 多营地集合模式

多营地集合模式是基于村落或村镇范围内不同类型的闲置资源和待开发空间，打造两种或两种以上不同主题的营地项目，依托场地特征和村落文化，形成活动内容多样、体验路线明确的多营地集合体。

在我国市场上，传统的帐篷露营区域往往需要大量的资金投入和固定资产建设，运营成本高，限制了该领域的发展。要实现帐篷露营地的轻资产打造运营，设备与设施的灵活运用是关键。与其购买昂贵的设备，不如选择租赁的方式，以降低固定资产建设和维护的成本。同时，也可以与相关企业建立合作伙伴关系，共享资源和设施。比如与当地的农场、餐饮企业或活动组织者合作，提供协同服务，一方面减少投资和管理压力，另一方面丰富了游客的选择。

除了提供露营服务外，多元化的服务内容也是轻资产打造运营的关键因素之一。可以考虑提供与露营相关的其他服务，如户外活动指导、团队建设活动、露天音乐会等。这样不仅可以增加收入来源和利润，还能吸引更多的游客群体，提升市场竞争力。

第二节　实战成功案例解析

一、北京日光山谷

据报道，日光山谷是日光旅文旗下的轻奢型自然度假营地乐园，位于北京密云区穆家峪镇阁老峪村，占地面积约 1 000 亩，围绕新中产阶级家庭自驾客户的需求，打造满足消费升级需求下的休闲度假产品（图 3 - 1）。日光山谷借鉴 Club Med 开创的"一价全包"式度假村概念，结合国内市场实际情况，打造了适合中国家庭消费者的"一价全包"模式，提供餐饮、住宿、休闲娱乐一体化服务。

图 3-1 北京日光山谷

项目经营范围以餐饮、住宿、娱乐一价全包的内容为主，以团建会议接待为辅，园区内容丰富，包含迪卡侬运动体验公园、ATV 越野车和卡丁车赛道、趣味登山步道、三个主题活动空间，涵盖露营、亲子娱乐、自然教育、开心农场、有机美食、户外运动等各类休闲度假体验方式。

具体举措

1. 推崇自然生活方式

主张打造消费者"在自然中的第二个家"的设计理念，赋予了消费者"主人翁"的使命，做自然的守护者，重新定义一种生活方式，是日光山谷推崇的理念。日光山谷主打"米其林"级别的生态餐饮理念，精心挑选新鲜的当地食材，打造自助餐、烧烤、特色中式菜品、西式点心等多种餐饮类型，让消费者在度假时光中体验到自然的美味。

2. 精准客群定位

在娱乐部分，日光山谷兼顾了有趣与安心。园区内多样的儿童娱乐设施、兼顾成人儿童的山谷骑行、卡丁车、UTV 山脊穿越、集休闲健身于一体的自然之路，以"安全"为大前提精心设计，不过于追求"惊险刺激"，而是打造"老人、儿童、孕妇都可以参与的娱乐线路"，让每位山谷的客人都能享受到自然度假的美好。日光山谷主攻家庭自驾游客群，在配套设施设计中，家庭洗手间、儿童休息区等更加舒适、宽敞，不仅便于母亲哺乳，也解决了父母对孩子单独上洗手间的担心等问题。除了园区内的娱乐活动，日光山谷还致力开发多条户外延伸线路，消费者可以在延伸线路中体验更多徒步、滑雪等户外运动。

3. 全方位产品优化

在消费者群体中形成了自然的传播口碑，初期的山谷营销中，日光山谷取得了"0 成本投入，通过消费者自然传播完成 50% 入住率，3 个月实现一季度收支平衡"的好成绩。所以，不仅是日光山谷，对于整个休闲度假市场来说，做好产品本身就是效果显著的营销手段。同时，帐篷露营地体验价值高。帐篷露营地一般都是布局在大自然中，是一种绿色消费方式，有利于促进消费者身心健康。逃离城市、逃离压力、寻求身心恢复等是帐篷露营旅游者的初始动力，正是这种原始持续力不断促进帐篷露营新时代到来。

二、木田峪露营基地

木田峪露营基地位于浙江省安吉市章村镇河垓村，也是章村镇的首个露营项目（图 3-2）。这里既有拎包入住的亲子帐篷，也有属于专业玩家的山前咖啡、帐篷露营、户外电影、亲子游玩、越野登山……不单能露营，还囊括了不同的服务业态和体验项目。由于山区气候影响，章村镇的旅游业态季节性十分明显。因夏季的漂流热，夏季毋庸置疑成为章村镇的旅游旺季，但过了夏季如果没有其他业态支撑，客流量就会明显减少。而作为露营基地，除了盛夏，木田峪并没有明显的淡季，对章村镇发展旅游业态的多元化具有一定的借鉴效果。

图 3-2　木田峪露营基地

对游客来说，到木田峪并不仅仅局限于露营，也不局限于这一方天地，基地开发了更多的户外运动项目来丰富游客的体验。章村镇具有得天独厚的自然条件和天然的吸引力。安吉的绿水青山具有发展露营经济的天然基础，而章村更因黄浦江源而名声在外，具有发展露营经济的基础。营地根据自然的走向划分功能区，高低错落的分区既充满野趣，也保证了私密性。

在建设初期，河里有村民自发引水的水管，长年累月下来，密布的水管既影响河道美观，又不能保证饮水安全。于是基地在上游修建了水塔，并重新铺设管道，在不影响村民用水的情况下，既保证了河道美观，也在一定程度上确保了水源的洁净。

河坈村地处山区，年轻人多外出务工，留在村里的大多是老

41

人。项目建设周期 8 个月，每天都要有近 30 个人干活，也给村里的百姓提供了家门口就业的机会。基本上每个人当年都能获得 1 万多元的收入，多的时候一个月也有三千多元。除了务工的收入，老百姓每年每亩地还可获得 600 元的租金收入，而且三年一次付清，并且每三年租金增长 10%。村里也转变思路，先打造"小而美"的精品，挖掘本村的特色优势，再吸引"大好高"的项目。

具体举措

1. 凝才聚力，探索乡村现代化新路子

近年来，安吉将乡村纳入城市能级提升的"主战场"，全域提升乡村人居环境、基础设施、公共服务、文化风尚、融合治理"五大能级"，全力开展乡村现代化安吉实践。在提升乡村能级过程中，安吉自始至终都把人才招引作为首位战略。通过吸引青年人、大学生到乡村来创新创业，让与时代发展同频共振的新理念、新技术、新项目落地，激活乡村发展潜力，翻开乡村振兴新篇章。

2. 开发"露营＋"产品

露营的核心属性就是拥抱自然，在发展帐篷露营地形态的同时，打造"露营＋"特色产品，实现功能聚合，如开展"露营＋赛事活动""露营＋户外运动""露营＋自然教育""露营＋休闲康养"等，把更多元素融入露营产品，开启"露营夜经济"消费模式，使特色体验逐渐成为露营标配。

3. 实现露营智能化发展

随着露营者群体的年轻化、科技信息技术的快速发展，露营者对露营地设施智能化的要求越来越高。露营地不但要提供设施和场所，还要为露营者提供智能生活和舒适空间，如智能家居房车、智

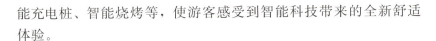

能充电桩、智能烧烤等，使游客感受到智能科技带来的全新舒适体验。

三、武功山国际帐篷节

据报道，武功山国际帐篷节是一个以露营为媒介，融旅游休闲、文化娱乐、户外赛事于一体的大型户外节庆活动，一方面，促进驴友群体之间的交流；另一方面，促进当地驴友经济文化的发展。武功山国际帐篷节活动包括露营、山地车赛、高山拔河比赛、户外电影、营地嘉年华等丰富的线下活动，线上活动有美文大赛、摄影大赛等，由户外网平台进行支持。

武功山国际帐篷节已成功举办了 16 届，人数规模由最初的近 4 000 人达到上万人。一年一度的武功山国际帐篷节已成为驴友们亲近自然、相互交流的一个重大节日。武功山国际帐篷节以驴友为主要参与对象，通过一系列户外活动、赛事、篝火晚会，达到推广和普及户外活动，加强户外群体交流的目的。

自 2008 年开始，武功山国际帐篷节凭借着独特的自然资源和超人气的活动策划，逐步影响和聚集了一大批户外爱好者，成为一项家喻户晓的全国性户外运动盛会，武功山也被户外爱好者一致誉为"云中草原，户外天堂"（图 3 - 3），户外品牌和影响力不断提升。

武功山管委会借助活动强攻基础设施建设，先后投入资金 10 多亿元，建成了两条新公路、两条新索道，开通一条新游线，全面推进"五个服务区"建设，和谐秀美乡村示范带、自行车主题公园等项目建设，整体功能大幅提升。同时，西海温泉度假村、万龙峡漂流、高空溜索、休闲茶园、休闲果园、森林会所、农家乐等旅游服务配套设施正在大力推进，旅游产业业态正在拓展，旅游经济迅速升温。

图 3-3　武功山国际帐篷节

具体举措

1. 明确品牌定位

武功山国际帐篷节品牌定位是"云中草原，户外天堂"。它以露营为媒介，给人们提供了一个大型户外活动平台，目前已成功连续举办了十六届，尤其是对青年群体的吸引力越来越大。

2. 完善运营布局

在活动筹备时间的安排上，大致分为三个阶段：举办新闻发布会和媒体宣传、准备整个帐篷节所需的物料、现场物料搭建。由于帐篷节声名远扬，在赞助商方面，有许多知名企业都会慕名而来洽谈合作，如车行、饮料商、农产品商等；在户外安全培训方面，武功山国际帐篷节会安排志愿者进行相关户外安全知识培训；在活动区域分布方面，划分为四大类，一是主席台区，二是有关景点、图文、互动等展示区，三是晚上音乐晚会活动区，四是户外运动活动区。另外，为了增强驴友的参与性和趣味性，主办方还设计一些相关互动环节，比如"情谊永恒·我为歌狂"驴友最强音征集活动、"'音'为有你"分享我和音乐背后的故事等系列活动。

3. 丰富宣传推广方式

传统媒体方面，武功山国际帐篷节的成功举办获得了社会各界广泛认可，吸引了许多国家及地方媒体的高度关注，引来近百名媒体记者进行全程跟踪报道。武功山国际帐篷节还充分利用微博、公众号等新媒体进行最新消息的宣传、推广。

第三节　发展启示

一、保证选址、建设、环保等合法合规

建设帐篷露营地的土地有许多规划方面的限制，在里面建一个厕所可能都会受限，而在帐篷露营地外围基本上是集体林地、农地、荒地。选址在土地利用总体规划外的营地，其旅居车营区、木屋住宿区、休闲娱乐区等应依法使用集体建设用地，确需新供土地的，按照旅馆用地管理（宜以招标方式实行长期租赁或者先租后让）；其他功能区在不改变土地用途、不固化地面的前提下，按照原地类型管理。选址在总体规划内的土地，依法办理转用、征收、供应手续。我国对营地用地政策的限制或将导致新建露营地的投资成本急剧提高，目前露营地的用地基本上都是租赁取得，一般为20年、30年不等。在广西已有营地因违反《中华人民共和国森林法》《中华人民共和国水土保持法》等法律法规而面临整改。目前

一些地方政府已经出台了相应的管理标准和规范指南，浙江湖州出台了《露营营地景区化建设和服务标准》《露营营地景区化安全防范指南》等规范文件；上海也出台了《经营性帐篷营地建设与服务规范》，对营地的经营基本条件、营地建设和游客的基本服务、特色服务等提出了具体要求。帐篷露营地的发展一定要合规合法。

二、盈利模式的设计要清晰可行

目前，露营地的盈利方式主要有出租营位、出租空闲场地、帐篷车辆出租出售、开发收费性的休闲游乐项目等。在开办帐篷露营地时一定要设计好露营地的商业模式，是通过景区拉动带来游客，还是为满足城市居民周末野营需求、公司团体野外拓展的需求，或是通过休闲娱乐设施带动等，都需要根据露营地的选址、资源、交通条件在前期规划时精准定位，并策划相应的产品、活动，从而提升营地知名度，吸引消费游客，带动营地发展，实现盈利。

三、轻资产营运是主要解决方案

传统景区在建设初期斥巨资选址置地，打造非常多固定建筑的住宿单元，建设和回报周期都很长。以轻资产的方式可以解决旅游目的地的住宿问题，提高接待能力，同时还可以通过提供物资补给或组织活动等盈利。轻资产营地不等同于小型营地，也并非品质低劣的营地，轻资产营地的特点是没有或有很少的住宿单元，同时配套很少量的服务和娱乐设施，在做好水、电、排污等基础设施建设后，结合环境做很少的装饰，主打自然风光和户外体验的形式，通过提供物资补给或组织活动等来盈利，以一种低投资方式，缩短回报周期，尽早让营地落地并走入市场。

四、运营前置是发展的关键

为提升营地自身吸引力和溢价，采用运营前置思维，在网红地打造、增加二次消费、活动策划等方面继续发力。一是网红地属性上，将帐篷外观造型重新设计，深度融入乡村文化特色，打造极具艺术感和时尚气息的帐篷露营地，成为"网红打卡点"，吸引人流量；二是增加二次销售，在营地增设旋转木马、疯狂甜甜圈、坦克大战等游乐设备，引进跑跑卡丁车、网红大秋千、海盗船、太空飞环、遥控飞机等深受周边游市场游客欢迎和喜爱的游客项目；三是活动策划上，依据乡村文化策划系列夜间活动和夜间消费场景，真正让营地成为乡村的核心吸引力和引爆点。

五、要与乡村发展相辅相成

帐篷露营地可以有效提高土地利用率，解决乡村接待能力不足的问题，同时丰富乡村旅游的产品层次和游客体验度，为乡村带来帐篷露营人流量，并让游客在帐篷露营地里停下来，产生更多关联消费；而乡村发展为帐篷露营地提供了发展平台和配套基础设施，为游客传输全新的露营观念，在一定程度上宣传推广了帐篷露营地，从而为帐篷露营地带来更多的人流量，实现互惠互利、共同发展。

六、安全保障是长久发展的前提

露营在国内属于新兴消费市场，人们在热衷于露营活动的同时，户外知识和野外常识并没有跟上，加之部分营地缺少安全保障，安全风险仍然存在。帐篷露营地应避开滑坡、洪水、巨浪、高压线、雷电多发区等易发生自然灾害的地段，以及存在有害动植物或生态脆弱的区域。帐篷露营地的选址、建设、运营和管理中都要牢牢树立安全风险意识，这也是营地发展的根本保障。

第 四 章

乡村民宿轻资产运营

  乡村民宿逐渐成为集住宿、餐饮、观景、娱乐、休闲于一体的生活方式型消费场景，消费者的多元化、个性化需求呈井喷式增长。乡村体验、蔬果采摘等满足家庭亲子类游客需求，投影仪、DIY（自助）等满足游客休闲放松需求，户外烧烤、草坪晚餐给予游客浪漫体验，家庭轰趴、剧本杀等满足群体出游需求。

  近年来，民宿行业出现了投资高增长的态势，房源数量持续增加、资本更加多元化。同时，伴随着旅游形态的变化，民宿的认知度越来越高，大额融资趋于理性，市场加速整合成为趋势。但是传统民宿往往更倾向于资产投入，大量资金用于土地购置和住宿等设施的实物建设，导致整体发展的速度相对较慢。过于重资产化不仅会给民宿业主带来资金上的压力，还难以快速规模化复制，在一定程度上会遏制民宿品牌的市场占有和推广。目前，民宿行业处于增量竞争阶段，竞争格局尚未确定，仍然存在结构性机会，因而，加速发展民宿产业，完成从数量上到质量上的跨越，有利于行业收入增长，使行业细分市场更加精细，同时带来高端化和精品化的升级。因此，对大多数经营者说来，调整传统资产输出和管理模式，采用轻资产模式，或将成为民宿市场化的新突破口。

第一节　运营模式

　　轻资产投资要参与基建、装饰、管理、运营等完整过程，更侧重于管理、运营两个方面，减少固定成本投入，缩短回报周期。民宿行业的轻资产运营模式可以更好地解决直营民宿资金沉淀问题，不断提高民宿盈利能力和质量，降低竞争中的潜在经营风险，同时帮助民宿投资人有步骤地实施规模扩张，扩大在市场中的影响力。

一、培育乡村民宿核心竞争力

　　一是围绕民宿在聚焦休闲产业链上中下游的各类项目，重点培育自身的产品和服务特色，形成有规模和特点的竞争优势。结合当地的文化特色和自然资源，开发差异化的农副产品、伴手礼等，设计有情怀有故事的餐饮、住宿、教育、娱乐、研学等产品，扩大消费的深度和广度。二是重视体验感和参与感，一些与乡村物产和文化黏合度高的项目，特别能引起消费者的共鸣，形成口口相传的口碑影响力。这些活动体验和互动交流，可以采用轻资产的方式，借助第三方机构进行研发，把做好产品和服务作为民宿运营的核心，通过项目的运营反哺市场，通过良好品牌的塑造助推产业的扩张，形成在市场中的优势。

二、民宿产品和服务标准化

　　首先，形成完整的标准化管理模式体系。由民宿行业的领头企业参与制定行业标准，逐步强化产业的定价权，从产业运营角度获取超额收益。通过建立"房源、运营服务、物料供应"三大标准体系实现规模化运营。在房源方面，通过"房源标准体系"对当地房源进行产品定位，评估房源质量、设施、环境、装修标准，并配套运营体系和供应体系；在运营方面，在保障房源品质的同时，建立并输出运营标准，提高非标住宿产品的服务质量，降低运营成本，提升效能；在供应方面，自主匹配房源的装修、耗材、家电、布局需求，并提供运维、清洁服务。其次，必须做好服务升级、人才储备和专业细分，培养专业化团队实施运营管理的指导和控制。从投资方式、产品风格、设计体系到服务标准、会员维系、品牌营造、发展路径等，做好战略的顶层设计，进一步明确行业未来发展的方向和目标。当民宿经营者能将轻资产运营做好做实后，就可以探索连锁化经营模式。

第二节　实战成功案例解析

一、隐居乡里

据报道，隐居乡里，成立于 2015 年，是中国乡村生活方式和县域文旅产业运营商，专注于以国有经济与村集体经济为主体，挖掘在地乡村资源优势，通过孵化并运营村落品牌实现乡村沉睡资产的盘活，提供一站式乡建解决方案。

其前身远方网（2007—2014 年）一直致力于乡村旅游策划和营销，也因为这份对乡村的热爱与关注，旗下首个乡村民宿项目山楂小院应运而生。目前其在全国运营的乡村文旅项目有 24 个，包括山楂小院、姥姥家、麻麻花的山坡、楼房沟等知名品牌，成功改造运营 260 座闲置农宅，服务于 20 万以上都市人群，提倡有节制的奢侈和有品质的节俭，通过对乡野原有老宅的改造（图 4－1），充分融合中国乡土元素，尽可能满足现代都市人对居住舒适度的需求。同时，这也解决了当地 300 人就业，创造总收入超过 3 亿元。隐居乡里以民宿为切入口，不断探索民宿与当地自然、风物、文化的结合，依托互联网＋在地化运营，从一间院落发展出极具创造力且可持续的乡村振兴路径，未来还将继续陪伴、指导乡村农旅全产业全地域升级发展。

图 4-1　隐居乡里民宿

具体举措

1. 隐居乡里采用的是当地农民、村集体共生模式

小院是以当地农民合作社为投资主体，即资产持有者是村集体和合作社，村民入股可获得分红收益。隐居乡里只做民宿运营的服务商，为资产持有者服务。

2. 从设计理念上说，隐居乡里运营的每一个院子都会按照当地的闲置农宅原有的模样进行改造，保留原来的乡土气息

正是这些乡土气息给了城里人一个充分的、乡愁的依恋感。每个人都有一个诗酒田园梦，对院落乡土植物的保留，对那些土坯墙、瓦片、老树的保留，都很好地保留了乡愁梦境的元素。

3. 将居住体验嫁接到当地的乡土活动、自然教育和农活体验上，将视野延伸到小院以外的自然环境、村庄环境

将乡村里原来那些劣势转化成民宿运营的优势。隐居乡里会组织一些掰玉米、喂鸡、喂羊等很受儿童欢迎的农事体验活动，以及写春联、织布等文化体验。一年四季也会有各种各样时令活动，比如插秧、串糖葫芦、包粽子等。所有院子里客人临走的时候就像在乡下走亲戚一样，会带一堆伴手礼回去，很好地享受耕作和收获的乐趣。

4. 隐居乡里是轻资产公司，核心资产就是"大妈团"民宿管家

因为乡村没有更多的年轻人，即使把年轻人吸引到乡村，成本也特别高。经过探索，村里的大妈们不仅能把热情周到的服务做好，而且能把城市里非常精细的酒店卫生、整洁品质控制得非常好。

5. 做好产品的设计、培训，人员培训、市场营销和现场服务管理

乡村除了缺人之外，核心是缺一套酒店化 SOP 管理体系。隐居乡里可以保证一个项目从建设到运营最长 5 个月时间，最短 3 个月时间，从签合同到开业运营，速度非常快。把当地村民培训出来做管家，一个项目上只有一个外派工作人员，其他全是村里人。同时村里成立一个合作社，把闲置的房子利用起来。隐居乡里帮合作社找钱，让合作社成为资产持有主体，并作为运营方，政府作为资产保障方，形成 5 年最稳定的乡村利益共同体。

二、乡博博文旅

据报道，北京乡博博文化旅游发展有限公司（以下简称乡博博）是一家根植于北京休闲旅游资源的专业文化旅游服务商。以盘活农村闲置资产为目标，聚力打造"核心 IP"民宿及民宿集群，

创建直播基地，培养直播人才，搭建城乡互助盘活农村闲置资产平台，提供运营托管、各类项目设计施工服务，定制各类文化活动、赛事、旅游、培训等活动，带动文化旅游衍生品的销售，融合一、二、三产业，将农业与旅游结合，助力乡村产业发展（图4-2）。"企业+村集体+村民+乡镇"助力闲屋变现案例属于盘活农村闲置资产的文化旅游创业项目，联合各类专业人才一起合作创办，融合一、二、三产业，以平谷区丰富的自然与农业资源、深厚的历史和独特的地方文化为基础，以乡村民宿为切入点，将文化旅游与民宿、农业体验、文创产品、新媒体等进行结合。在乡村落地具有本土特色的民宿样板间，培养本土直播达人，创建全域农旅项目园区，承办各类民俗活动，深度运用抖音（抖音直播）、快手、微信、微博、小红书等新媒体平台，宣传推广本土文化、特色美食、原味民宿，打通人才链接，盘活农村闲置资产，解决当地村民就业，带动农产品、文创产品销售，增加农民收入，实现做给农民看，带着

图4-2　乡博博民宿内部空间

农民干，帮着农民赚，助推乡村振兴。

具体举措

1. 原味民宿板块

乡博博通过"乡镇＋村集体＋村民＋企业"四方共建的方式，通过"互联网＋民宿＋农旅"的模式带动本地农旅业发展，文化赋能撬动农村闲置资产变现，将农村的闲置资源再利用，把文化和旅游注入民宿，将农副产品进行一、二、三产的升级，把民宿与农业、特色活动（农产采摘、农事体验、节令活动）等相融合，在每个乡镇落地民宿样板间，打造具有本地特色的不同主题、不同类型、不同规格的乡村原味文化民宿产业集群。

（1）注入本土文化。随着农村居民生活水平的提高和社会发展，人口老龄化的同时出现大量闲置房屋。民宿的设计之初，旨在深度挖掘乡村内涵，突出地域特色、民族风情、乡土风貌，避免千村一面，有针对性地打造 IP 文化，让民宿充满灵魂，让入住的人感受生活的美好。例如，乡博博凤鸣四季精品民宿（图 4-3），位于凤凰山脚下，这个民宿的前身是一座闲置的小学旧址，在其基础上重建成了一个新中式的独特小院。这里有凤凰筑巢的美丽传说，基于对此的向往，民宿的装饰、布置等均以凤凰为主题，以春花、夏风、秋月、冬雪对房间进行设计和命名，遂民宿得名"凤鸣四季"。在凤鸣四季民宿建成后，院内还饲养了孔雀、柴犬、小白兔、鸡鸭等活跃亲子氛围的小动物，吸引了很多外来人员入住，直接影响带动了周边商铺的经营活力，就像这个民宿的寓意一样，通过创新产业的诞生与发展，让农村闲置资产得到了涅槃重生。

（2）结合农业体验。平谷区作为农业大区，当地农产品非常丰富，如具有国宴品质、欧盟地理标志的平谷大桃，北京市唯一性果品北寨红杏，北京地理标志农产品茅山后佛见喜梨，钙果之王欧

图 4 - 3　凤鸣四季精品民宿

李，清宫贡品香椿，鱼子山有机草莓，三十年前老味道的西红柿等诸多特色鲜明的果蔬，还有新鲜红果、板栗、核桃等可以让人一饱口福。把当地的农业融入民宿内部文化，打造具有农业特色的民宿类型，与周边农家餐饮、果园、娱乐园、垂钓园等自营项目合作，引来游客入住的同时，解决民宿入住客人的餐饮、采摘、娱乐活动等需求，宣传当地优秀果品，把第一产业向二、三产业延展，拓宽农产品的销售渠道和类型。

（3）融入区域文化。平谷历史悠久，文脉传承。10 万年的人类活动史、7 000 年历史的上宅文化、5 000 年历史的轩辕文化、3 000 年历史的青铜文化、2 200 年历史的建置文化、1 000 年历史的道教文化和 600 年历史的长城文化在平谷交融绽放。针对不同区域的文化，在民宿中融入区域文化，民宿的设计、内部装饰、布置等都以区域文化为主题（图 4 - 4）。

图 4 - 4　喜遇花山精品民宿

2. 全域旅游板块

　　平谷区生态环境优美，森林覆盖率高达 67.3%，城区绿化覆盖率达 52.09%，是北京市首个国家森林城市，也是全国首批生态环境示范区，还是"中国奇石之乡""中国书法之乡"和"中国提琴之乡"。乡博博结合旗下民宿特色、当地特色、客户需求等来策划和定制相关活动，在打造全域旅游的同时，为平谷旅游引流，带动当地的旅游经济。

　　（1）打造适合当地的活动。除给游客提供温馨舒适的住宿环境外，乡博博还将民宿与当地的文化活动相结合，为客户定制亲子、文化、时尚、养老、农耕、夏令营等主题的春播文化节、桃花文化节、道教文化节、戏水文化节、秋收文化节、冰雪文化节、桃花节大桃认购活动、世界休闲大会民宿专场、采摘活动、垂钓活动、金海湖樱桃节（图 4 - 5）、桃园相亲活动、亲子研学（亲子军事活动、蜂花研学、亲子乐园、亲子农场）、红色党建活动、农事体验、团建活动以及文化交流活动等。

图4-5　首届平谷金海湖樱桃节开幕

（2）定期组织农民培训。项目的建成带动当地农业经济发展，帮助农民增收，为当地居民提供再就业平台。定期组织专业人员下乡开展农民培训会，包括农业技能教育培训、互联网知识培训、民宿运营培训、农事活动服务培训、产品直播带货培训、急救安全培训等。

3. 抖音板块

搭建专业的新媒体团队，通过抖音直播和抖音直播人才培训等方式全力培养乡村文化能人、推广美丽乡村。让农民都掌握新媒体技能，打造人人都是代言人的区域文化。

（1）抖音直播间打造。在平谷区选址，打造出两个平谷当地的专业的直播间，配备专业设备，供自营以及对外租赁使用。增加平谷各旅游景点、酒店民宿、特色餐饮、农产品等的曝光率，提升游客量，促进当地就业，带动经济发展。

（2）抖音直播达人培训。聘请专业的直播团队在平谷区各乡镇深度挖掘、挑选代表本地形象的直播人才，从理论和实操两方面进行抖音直播的系统培训，确保每位参训人员能够独立支撑一场直播并进行有效宣传和成功销售。

（3）抖音直播带货。通过项目实施，增加曝光度，启动企业＋农户＋村集体的联农带农机制，农户自己当主播，进行直播带货，宣传销售当地农产品，增加销售渠道，提高经济收入。

乡博博目前已在平谷 14 个乡镇落地农业、文旅、民宿项目 56 个，抖音直播带货多家民宿，示范带动了 150 余家民宿发展，吸纳返乡创业青年 36 人，带动就业 150 人，带动增收 3 000 余万元，帮助销售平谷大桃 652 万斤[①]。

三、河南山水隐庐

当下，传统观光游加速向休闲度假游转型，民宿新业态迅速兴起。以此为契机，当地依托集体经济，整合闲置资产，通过市场化方式招募运营商，与浙江宿联文旅成功"牵手"。按照"运营前置"理念，宿联文旅主导前期设计与后期运营，地方政府则整合乡村振兴衔接资金实施村庄改造，并建立运营商与合作社"绑定"、集体与农户"绑定"的"双绑"利益联结，实现良性循环发展。

1. 山水隐庐·隐居龙门（洛阳｜洛龙区）

山水隐庐·隐居龙门微度假综合体的启动区位于河南洛阳市龙门园区景区南龙门山脚下，伊河之畔，溪河密布，绿草茵茵。该项目占地近 200 亩，项目主体打造成一个集游客服务中心、生态停车场、花溪梅岛、非遗展示中心、星空露营基地等于一体的沉浸式乡村生活体验目的地。入住霍比特小屋（图 4-7、图 4-8）、星空泡泡屋、三角树屋……露营、烧烤、火锅，在西草店，体验世外桃源的恬静洒脱。

---

① 斤为非法定计量单位，1 斤＝500 克。——编者注

图 4-6 山水隐庐·隐居龙门微度假综合体

图 4-7 隐居龙门霍比特小屋

图 4-8　隐居龙门民宿内部

2. 鱼鱻生的店（洛阳｜嵩县）

山水隐庐·鱼鱻生的店（图 4-9），位于嵩县陆浑度假村（图 4-10）。项目依水而建，以探索美食和舒缓情绪为核心理念，主打的不仅是鱼，还有心情和美景，为游客呈现一场视觉与味觉的绝美盛宴，打造独具摩洛哥特色的时尚轻奢高品质创意餐厅，形成一个独特的餐饮品牌——鱼鱻生餐厅。依托陆浑湖优质的水产资源，采用中厨西做、北鱼南做的烹饪方法，打造嵩县独特创意全鱼宴。一院一景一湖，为游客提供一个绿色、舒适、休闲、宜人的吃鱼网红打卡胜地（图 4-11）。

图 4-9　鱼蠱生的店入口

图 4-10　嵩县陆浑度假村

图4-11 鱼鱻生的店餐厅

3. 山水隐庐·苹果来了（洛宁｜上戈）

山水隐庐·苹果来了（图4-12）民宿位于上戈镇庙洼村，紧邻海升苹果主题公园和上戈苹果核心产区，这里的苹果带着各自独有味道，十分美味，整个果园都弥漫着苹果浓郁的香气。在这里游客可以充分体验到采摘乐趣，同时也给采摘的游客朋友们提供一个温馨舒适休息环境。这里有特色的苹果小屋，竹林雅境、皓月星辰、金风秋露等主题民宿，有着传统民居的气息，优雅静谧的美景，可以享受纯净、轻松、舒适的居住体验，感受着人与自然相互交融的氛围。项目还包括餐厅、阅览室、棋牌室等丰富的配套设施，保证客人即使不出户，也能在园区内惬意享受假期生活。

图 4 - 12　苹果来了民宿

具体举措

宿联文旅所打造的"山水隐庐"系列微度假综合体，是一种集乡村产业、乡村旅游和乡村接待服务于一体的体验型的休闲度假产品，乡野、自然、建筑、艺术四点共融，相得益彰，具有项目投资较少、经营方式灵活多样、拓宽乡村消费空间、以点带面带动乡村经济发展等特点。

1. 突出乡村优势

农文旅资源丰富，规模宏大，种类繁多，但同时，由于乡村产业的相似性，导致各地农文旅资源具有一定相似性。因此，在项目前期策划规划中，需要开展横向资源对比分析，以突显区域优势，提升乡村旅游的吸引力和生命力。要突出优势，一是要突显乡村自然景观优势，引导游客欣赏独特的乡村风光和山水景观；二是要深度挖掘古村、古镇的文化内涵，传承和发扬具有特色的传统乡土工艺技术；三是要充分展现地方在建筑、饮食、民俗等方面的风貌、风情、习俗等特色优势。

2. 强化在地特色

在项目前期策划规划中，准确把握地域特色是推动项目发展的根本，也是体现产品核心价值的要素之一。尊重和保持原始的乡村特色，避免过度城镇化和商业化，强调乡村的文化性和原生性，是项目独特性的重要保障。设计应遵循朴素、自然、协调的基本原则，避免由于追求豪华和过度追求独特性而与乡村风貌及内涵相脱离，同时也有助于保护当地资源和环境。

3. 业态多元化

让业态焕发新机，为游客呈现别样风采。摒弃千篇一律的传统出游活动，多元开发乡村民宿、渔歌唱晚、林下空间、果园桃林、花海漫步、农场采摘、特色村落、农业观光园区、休闲农庄、乡村俱乐部等，构造多层次产品结构和业态的旅游产品结构。

4. 互动参与性

乡村旅游的核心吸引力恰恰在于它所提供的消费者体验参与。城市游客来到乡村，在领略秀美山水的同时，也能亲身体验丰收的喜悦。在果园中，亲手采摘新鲜的水果，这种参与感与满足感是在城市生活中难以获得的体验。

5. 保护生态环境

宿联致力于打造以健康、和谐的生态环境为基础的旅游体验，坚决反对任何盲目的扩大开发行为，因为这可能会对当地的生态环境和旅游资源造成不可逆转的破坏。如果自然环境不能得到妥善的保护和管理，不仅无法实现预期的经济效益，反而可能会对乡村的生态环境造成严重的影响。

因此，在配合当地政府的工作中，宿联还需要在规划、产品组织、市场营销、资金投入等方面进行规范和引导。通过这些措施，可以确保乡村旅游的健康、可持续发展，同时也能为当地居民带来更多的经济收益，让乡村旅游成为一种既能保护生态环境，又能促进经济发展的可持续旅游方式。

▨ 深度解读

宿联模式——EPC＋O 的解读

"EPC＋O"合作模式是对 EPC 模式的延伸，发挥运营公司整体专业能力，使客户的价值最大化。"EPC＋O"模式意为"设计—采购—施工—运营"模式，指公司受业主委托，按照合同约定对项目全生命周期的设计、采购、施工、长期运营整体负责，实现项目效益的最大化。

1. 以运营思维前置、顶层规划指导开发建设，利于项目后续经营

在项目建设和管理中，以运营思维前置为条件进行先规划后建设是一种极其重要的经验。如果缺乏对项目的顶层设计，后期的运营将会面临极大的困难。在"EPC＋O"模式下，承包方能够将运营需求前置到设计阶段，通过对区域环境、产业结构进行详细的分析与全面的研究，从项目运营的角度导入前期规划设计。这种模式确保了设计、施工和运营各个环节的有效衔接，进而实现项目全生命周期的高效管理。

2. 各环节合理交叉、充分协调，提升项目效能

在"EPC＋O"模式下，政府的监管对象主要集中在承包方，这意味着政府可以减少直接对多个参建单位进行管理的复杂工作内容。这种模式赋予了承包方更多的权力，他们将全权负责项目的实施，并有能力通过整体优化项目的实施方案来实现设计、采购和施工各阶段的科学合理交叉与充分协调。这种协调和交叉可以在很大程度上节省管理成本、缩短工期，甚至有可能提前完成建设工作。

3. 发挥各版块间的协同作用，真正实现全周期管理

"EPC＋O"模式通过将设计、施工和运营等环节进行深度融合和集成，将运营的需求前置到设计阶段，让设计师更容易了解到施工过程中的需求和成本，从而提出更加合理和优化的设计方案。同时，这种模式还可以解决设计和运营脱节、设计和施工脱节的问题，强化承包商单一主体责任，使得承包商在设计和施工阶段就必须考虑运营策划、运营收益问题。

第三节　发展启示

一、顶层设计，民宿服务有保障

从制度设计上谋划、推进、规范乡村民宿发展。统筹公安、住建、消防和卫健等部门，简化乡村民宿《特种行业经营许可证》等证照审批办理手续，解决民宿"办证难"问题。

二、运营前置，民宿发展可持续

一是统筹兼顾，提前考虑乡村民宿运营思路和发展方向，项目建设前先确定好运营单位，运营单位全程参与民宿项目的选址、设计、建设等环节，既保证了乡村民宿的品质特色，也有效推动了项目建设的进展速度，更保证了建成后的乡村民宿落地运营的生命力。二是通过走出去引进来的方式，为乡村民宿可持续发展注入"新力量"。在项目的建设和运营中，引进了全国头部知名运营公司，为乡村民宿运营带来了先进的理念和模式，保证了项目健康可持续运营。

三、挖掘文化，民宿内涵有提升

乡村民宿与地方特色文化深度融合，积极挖掘区域人文历史、红色文化、遗址遗存等资源，提升民宿文化内涵，推进民宿＋非遗、民宿＋电商、民宿＋民俗、民宿＋文创融合发展。还将乡村民宿与周边基础设施、旅游产品同步打造，形成以乡村民宿"串起"当地景区、网红打卡点的聚集效应，真正让乡村民宿"亮起来"、人气"旺起来"、经济"活起来"、百姓"富起来"。

乡村民宿发展的新模式为旅行者带来了更多选择，同时也促进了当地经济的发展。政府和民宿业者应该加强合作，制定相应政策和标准，确保乡村民宿的发展是可持续的，既能保护环境，又能为当地居民带来实实在在的福利。通过不断创新和优化，乡村民宿已成为促进乡村振兴和旅游业繁荣的重要力量。

第五章

乡村博物馆轻资产运营

近年来，我国的博物馆数量呈现快速增长的趋势。对于文旅产业而言，博物馆是一个至关重要的"支点"。以博物馆为核心，能够衍生出线下研学、文创产品、数字经济等一系列新兴产业链条。对于相应区域而言，博物馆既是文化地标，也是经济"发动机"。

随着乡村振兴战略的深入推进，一座座乡村博物馆出现在乡村的大地上，成为当地历史文化、民风民俗的有机载体，也成为乡村对外展示的亮丽名片。乡村博物馆是新型的乡村空间，它们从独特的角度拓展着观众的视野边界，丰富着城乡居民的精神生活，也为乡村由"美起来"到"富起来"贡献着自己的力量。乡村博物馆的就地化建设不仅成为当地村民的情感纽带，也为城市漂泊的游子带来源源不断的情感寄托；不仅为乡土文化的传承提供了物质载体，也为乡村农旅带来了新的发展机遇。乡村博物馆不再单单是一个博物馆，一个展示场所，更是一个文化传播的媒介，乡村博物馆作为乡村的文化交流中心，对乡村的形象展示以及乡村的文化宣传起到了至关重要的作用。作为乡村历史文化的载体，乡村博物馆在传承乡村文脉、增强文化自信、促进农文旅融合等方面具有重要作用，是乡村振兴热潮中不可忽视的文化力量。

第一节　运营模式

广义上的乡村博物馆是指从地理上来区分的，存在于乡村的一切类型的博物馆或展览展示馆，其中包括历史博物馆、专题博物馆、生态博物馆、各类纪念馆等，主要展示的内容是乡村历史上存在过的一切习俗、传统技艺以及事件或者乡土人物故事、传说等。狭义上的乡村博物馆是指与乡村生活有关的博物馆，主要展示的是乡村的农业、村庄、本土文化以及中华人民共和国成立后的乡村社会变迁等。

浙江省在乡村博物馆建设运营上，目前属于国内前列，已发文计划在 2025 年前完成建设 1 000 个乡村博物馆和 1 000 个未来乡村。2022 年 4 月，浙江省文化和旅游厅、浙江省文物局印发了《浙江省乡村博物馆建设指南（试行）》，这是全国范围内首份乡村博物馆建设指南。在一定程度上，浙江省乡村博物馆建设为全国乡村博物馆建设提供了可复制、可推广的经验。

一、政府引领，镇村共建

正如当前浙江的做法，建设乡村博物馆首先需要政府引领，同时需要以地方与村民作为建设主体，共同配合、共推共建。政府是乡村博物馆建设的主要推手。在乡村博物馆建设中，政府要做好规划选点布局，安排建设资金，明确建设规模，建立工作计划，督促建设进度，把控建设质量。镇村则需要做好具体落实，解决土地与场馆政策安排，整理周边环境，安排建设管理，启动并落实后续长效管理运营机制，激发乡村博物馆应有的自身造血功能。

在前期，规划布局乡村博物馆时，应避免一哄而上、大干快上，而是要更多地考虑乡村博物馆如何能在乡村振兴与城乡共富中起到良好的引领示范作用。这就要求其前期之布点建设要先考虑与现有成熟的农文旅资源结合，这样可有利于建设推进与后续的运营，并尽早产生正面社会效益，甚至是乡村博物馆自身的造血功能。只有前期的头开好，后续的梯次推进就会更有成效，且可以减少资源浪费。

二、专业指导，村民参与

博物馆建设是一项专业化程度较高的系统工程，需要建立在深入研究的基础上，同时要做好专业的展陈，包括展览大纲、展览内容、流线组织、展品鉴别、形式设计、灯光布置等，以及与博物馆管理相关的讲解服务、藏品管理、安全管理等。这些在乡村博物馆建设中也不例外。但是，由于乡村博物馆所处位置多数距离城区较远，而乡村博物馆的建设资金有限，建设内容的挖掘与展品征集也非常需要依靠当地，在乡村博物馆建设中既需要建立专业化的指导机制，又需要有乡村当地群众的共同参与。比如在浙江的一些地方，已经组织了由政府部门牵头，以国有博物馆专业人员为主，地方文史专家和乡村老先生等一起合作的乡村博物馆建设专业指导团队，参与乡村博物馆的具体建设。

当前，许多地方已经有了一定意义上接近乡村博物馆的文化场所，如一些地方的人文陈列室、知青纪念馆、农耕展示馆、地方名人纪念馆和一些文化礼堂，甚至有一些乡村里有历史文化情怀的爱好者将自己的收藏或作品公开展示，这些本就类似于博物馆的陈列，只要给予指导，去伪存真，进行专业化的"微改造、精提升"，就可以很好地打造出有一定内容的乡村博物馆，这对乡村、对乡村百姓的素质与审美本身也产生很好的影响与提升作用。

三、挖掘资源，展现特色

建设乡村博物馆的前提是要挖掘出有价值且值得利用的有效资

源。《浙江省乡村博物馆建设指南（试行）》中已经明确，乡村博物馆的职责是：传承中华优秀传统文化，弘扬社会主义核心价值观，重点展示、传播、收藏和传承地域历史文化、特色文化、革命文化及乡村生产生活、非遗保护、产业发展见证物。乡村博物馆的藏品可以包括：具有历史、艺术、科学等价值，作为见证乡村传统文化、历史文化、特色文化及生产生活的文物、标本、资料、模型、器具及产品等。

从乡村博物馆的职责与藏品内容中可以知道，其资源挖掘包括乡村当地具有历史人文内涵的山乡自然风貌，家族历史传承，优秀历史文化与乡贤名人，以及具有乡村辨识度的特色文化，散落于乡村的红色革命记忆，别有特色的乡村风俗、生产生活习惯、非物质文化遗产、特色产业，甚至是特色方言与美食小吃等。在浙江的建设经验中，乡村博物馆建设除了挖掘乡村历史文化内涵，结合在地旅游资源外，还可以考虑与非物质文化遗产的保护传承及不可移动文物保护相结合，使得遗产保护、文物保护与乡村博物馆建设有机链接，既能为乡村博物馆建设提供有效资源，又能提升乡村博物馆的知名度，而乡村博物馆的建成也可以更好地起到保护遗产与文物的作用，双方可以互为补充、互相促进。另外，乡村博物馆建设也可以与乡村在地特色产业，包括工业、手工业、农林渔牧等相关产业结合，这一方面有利于推动乡村博物馆的建设与运营，另一方面也能够通过乡村博物馆的建设而扩大当地特色产业的知名度与影响力，并促进产业的局部调整，让产业发展从"卖产品"衍生出"卖文化""卖旅游"，同时也反过来助推产业向纵深发展。

四、提升环境，引入风尚

乡村发展中最大的问题是"脏乱差"的环境。一些乡村距离现代文明生活较远，村内外污水遍地、垃圾遍布、杂物堆叠、尘土飞扬，露天的茅坑与满地的鸡鸭粪便散发着恶臭，苍蝇蚊虫追着人叮咬，老鼠满街乱跑。近些年来，随着美丽乡村建设，这些情况有了很大的改善。但要让乡村成为美丽家园，除了在硬件上，一系列清理建设工程的项目推进之外，还需要提升人的文明素质并使之产生自觉意识。建设乡村博物馆是提升乡村百姓自觉意识与文明素质的有效手段。

在乡村博物馆的设计与建设中，要对传统村落中的古建筑、旧祠堂、宗教祠堂等蕴藏的传统历史文化资源去其糟粕、留其精华，将其中的优秀部分与社会主义核心价值观相融合，比如尊老爱幼、勤俭持家、保护生态、爱护自然、互助友爱、相互守望等，一方面培育文明乡风，提升村民精神文化素养；另一方面将其转化为当今社会的乡村社会治理资源，推进乡村有效治理，在改善乡村自然环境的同时，引入现代的文明理念与时代风尚，结合时代审美，提升乡村的社会文明进步。

五、保护遗产，留住技艺

多数有历史的乡村都有属于当地的文化遗产，诸如古驿道、古村落、古宅院、古桥、古街、古河道、古井、古墓等不可移动文物和记录家族变迁、乡村自治历史的宗谱族谱、乡规民约、家风家训，以及许多延续古人生产生活状态且濒临失传的手艺、节俗、小吃、语言等非物质文化遗产。乡村博物馆建设中，理应承担起责任，对这些已经或即将消失的，或者失去原有保存条件的遗产进行发掘和展示。通过建设乡村博物馆，宣传文化遗产保护工作的重要意义，并积极普及文化遗产保护知识，增强全民保护文化遗产的观念和意识，形成保护文化遗产的良好环境和氛围。

比如，在当前新农村建设的大潮中，拆旧建新是乡村建设的主要模式。由于对历史文化遗存不了解、不珍惜，许多古宅被毁、古井与古河道被填埋，古驿道、古桥、古街被破坏，古村落面目全非，甚至一些文物保护单位也被人为破坏，许多地方千百年留传的乡村文化景观荡然无存。所以，乡村博物馆可以培养乡村百姓对乡村历史文化的认知，使其真正成为乡村历史文化的拥有者，并增加其对乡村历史文化的自豪感。让这些历史文化持有者觉醒起来，使乡村历史文化景观真正得到保护、传承和永续利用。

乡村博物馆还可以成为乡村非物质文化遗产技艺的传习所，通过展览展示和有组织的研学活动，让传统手艺等许多非遗得以传承。

六、文旅融合，推进互动

乡村博物馆建设，既要立足于文旅融合，又要推动乡村的文旅融合。乡村博物馆建设，既是历史文化的挖掘，也让大家走进乡村，留住"乡愁"，同时也带动乡村旅游开发，促进乡村振兴与城乡共富。乡村旅游发展，可以充分利用作为乡村旅游吸引物的乡村博物馆平台，注重挖掘有意思、能吸引各类人群的文化元素，整合打造游客文化体验与互动体验的研学线路，让游客在观赏乡村美景、沉醉于青山绿水的同时，在趣味中潜移默化地感受到优秀传统文化的滋养。

第二节　实战成功案例解析

一、浙江省湖州市德清县阜溪街道农耕文化馆

据报道，2015 年，为了推进德清县阜溪街道郭肇村中心村集聚项目和莫干溪谷项目，很多郭肇人面临着搬家问题。生活条件改善是好事，可家里的老旧农具等"古董"怎么安置？几个村干部便向街道反映了这个问题。街道根据莫干溪谷打造江南古朴村落的定位，提出建设农耕文化馆。很多村民得知后，把有价值的古旧农具全部捐了出来。再加上对外征集，目前农耕文化馆已经收藏了 300

多件农具和传统农家用品。

2017年下半年，农耕文化馆开馆了。文化馆按"回"字形游览线路设计，观览者观赏完稻作器具、农业传承、时令节俗三个单元，就能基本了解德清农耕文明的历史与传承。除了外地游客，村里人茶余饭后也会去走走，让孩子们认识一下农耕劳作。县里的不少中小学校也来这里开展劳动教育（图5-1）。

图5-1　德清县阜溪街道农耕文化馆

现在，德清县阜溪街道农耕文化馆已成为浙江省农耕教育科普基地，还入选第一批浙江省乡村博物馆。经过"微改造、精提升"，馆藏品更丰富了，展陈条件也变得现代化——可以运用交互投影、沉浸式互动投影、3D屏幕等多媒体设备，营造视听结合的全新体验。

农耕文化馆还成了村里的新型公共文化空间。在展馆中间的院子里搭了一个江南古戏台，戏台上放着一些制作精美的彩色圆球和一只玩偶小羊，这就是德清特色非遗民俗表演叶球灯的主要道具。叶球灯距今已有400多年历史了，原型是"狮子抢绣球"，逐渐演变成"湖羊滚叶球"，寓意蚕桑丰收、六畜兴旺。每年在莫干溪谷景区举办的乡村耕耘节、德清敬农节上，文化馆都会推出叶球灯表演，为广大游客市民献艺。通过文化馆这个平台，叶球灯声名远播，向世界展示"诗画江南、活力浙江"的韵味与魅力。

具体举措

1. 文旅融合，推进互动

乡村博物馆的建设，要重视文化和旅游的融合发展。除了进行乡村文化的展示之外，还要加入体验元素，让游客可以亲身体验乡村的美景、美食，真切感受到乡村沉淀的文化底蕴。注重乡村博物馆的个性化建设，避免简单复制城市博物馆的模式，突出"一村一品"的特色，通过一些生动的展示方式给游客留下难忘的记忆。通过游客的参与，又能够把乡村的文化进行有效传承，真正实现农文旅融合。

2. 强化规划对接，有度有序推进

乡村博物馆建设是全面推进乡村文化振兴的重要载体，无论是构建城乡一体化新格局，还是巩固拓展脱贫攻坚成果，都需要乡村文化提供强有力的支撑。因此，在乡村博物馆建设中，要充分对接各级相关发展规划，切实把握规划的统筹性、项目建设的适度性和政策支持的协调性，避免决策冒进和盲目扩张。

3. 科普共富，数智赋能

2023 年初，德清县科学技术协会紧抓寒假、春节时机实施新春共奔科学坦"兔"——德清县"科普共富"专项行动，全面调动科普教育基地资源，联合德清县教育局，借助德清县科普教育基地联盟系列资源，组织科普教育基地在寒假、春节期间进行免费（优惠）开放、专项展览、特色活动、趣味比赛、赠送科普纪念品等科

普相关活动。可以运用互动投影、沉浸式互动投影、3D 屏幕等多媒体设备，营造视听结合的全新体验。

二、吉林省敦化市秋梨沟镇柳编博物馆

据报道，柳编是吉林省非物质文化遗产。安宝民是秋梨沟镇秋梨沟村农民，从小热爱柳编，是省级柳编传承人。为让柳编这门手艺传承下去，他带徒弟近百人，并组织 100 多名柳编爱好者在秋梨沟村成立利华柳编专业合作社。2016 年，在吉林省文化厅的支持下成立了吉林省唯一的柳编文化博物馆，被纳入"吉林印记——乡村博物馆"项目。馆内面积虽然不大，但各种柳编产品琳琅满目（图 5-2），筐、篮子、瓶子、柜子等，大小颜色各不相同，形状各异。这些产品都是社员们日常编制过程中创作的有代表性的产品，放在博物馆，全年免费开放，以便全国各地游客观光品鉴。

图 5-2　梨沟镇柳编博物馆

敦化柳编技艺已有千年历史，如今，作为省级非遗项目的柳编为当地农民带来了滚滚财源。十年前，柳编传承人安宝民、张晓红夫妇成立了利华柳编培训学校，每年至少培训三期，帮助当地贫困妇女学会一技之长，并回收成品。夫妇二人通过培训、回收、销售、返利"一条龙"服务，带领贫困的乡亲们靠手艺吃饭，柳编工艺已形成了以秋梨沟镇为中心，向周围十几个乡镇辐射的产业新路。不仅如此，夫妇俩还在道口村成立了扶贫车间，把培训送到家门口，让村民足不出户就能学到柳编技艺，加工出工艺品，不少村民靠着这项技艺在家就可以月入 2 000 多元。

该合作社以生产柳编工艺品为主，为不断扩大欧洲市场，合作社不断研发新产品，并在原材料上进行改良，除柳条之外还增加了多种灌木类工艺品制作。目前，产品主要出口美国、德国、英国、荷兰、西班牙等国家。为适应国内旅游市场需求，合作社设计生产了一系列适合国内旅游区销售展示的旅游产品。各种柳编花篮、花环工艺品产品在各个旅游景区深受游客喜爱，供不应求。合作社旅游产品的开发直接推动了地方旅游业发展。

"现在柳编产业已经开始向链条式发展了。"安宝民说，为解决柳编原材料问题，合作社从山东引进优质的柳条品种杞柳，与当地吉品玉泉蔬菜种植专业合作社合作，签订柳条种植回收合同，并向农户提供柳条种植技术。农户从种植传统的粮食作物向经济作物转型，仅此一项，让农民每公顷增收 1 000 余元。目前，该公司年加工并销售柳编工艺品 500 多万件，销售收入 1 600 多万元，带动就业 240 多人，柳编致富新曲越奏越高昂。

具体举措

1. 明确乡村博物馆定位，探索适宜发展路径

乡村博物馆植根于乡村地区，规模小微，珍贵文物较少，通常

不具备大型综合性博物馆的发展条件，无须照搬"大馆模式"。在硬件条件要求上，应明确自身定位，突出优势特色，采用更为灵活的方式，努力做到"小而精"，突出"一村一馆一品"的地方特色，发挥在地遗产资源特色，贴合在地文化需求。

2. 纳入地方规划布局，统筹协调发展

地方教育、文化、财政等各部门应加强沟通协作，将乡村博物馆建设纳入乡村振兴总体规划布局，统筹协调相关工作，引导促进乡村博物馆、图书馆、村史馆等文化设施协同发展，加强联动，优势互补。积极发展乡村博物馆志愿者机制，既能强化自身的专业化水平，也能加深博物馆与乡村社会之间的关系。

三、宁夏回族自治区吴忠市利通区牛家坊农耕民俗文化博物馆

据报道，吴忠市利通区牛家坊农耕民俗文化博物馆，位于宁夏回族自治区吴忠市利通区上桥镇牛家坊村8队，是2014年9月28日设立的非国有博物馆（图5-3）。该博物馆收藏了1万多件民俗物品，这些物品承载着记忆，也记录农耕生活的变迁（图5-4）。馆内设置了农耕民俗、日用生活、民族服饰、光辉历程、爱粮节粮五大展区。博物馆展示的石斧、大马车、手风箱等一万余件物品，多从民间收集而来，不仅重现了不同历史时期当地群众的生活、劳作情况，而且展示了当时的政治、经济、文化和社会发展状况，为参观者生动地描述了社会文明发展进步的历程。

牛家坊村在馆内开辟农耕民俗文化体验区，提供当地生产的杂粮、牛肉、亚麻籽油、辣椒面等多种原生态食材，让观光者借助石碾、风箱、土灶等展品，动手烹制粉汤杂碎、烩小吃等特色小吃。如今，农耕民俗文化博物馆成为助推牛家坊村发展乡村旅游的金字招牌。

图 5-3 吴忠市利通区牛家坊农耕民俗文化博物馆

图 5-4 吴忠市利通区牛家坊农耕民俗文化博物馆内展品

> **具体举措**

1. 打造"党支部＋集体经济组织＋企业＋农户"的发展模式

紧扣高质量发展主线，结合地域特点、人文底蕴、资源禀赋，以乡村休闲农业为突破口，全面构建要素集聚、功能完备、多元发展的乡村休闲旅游产业体系，走出了一条以乡村旅游激活一、二、三产融合发展的乡村振兴之路。

2. 好风景＋好产业，上桥镇的农旅产业正在崛起

近年来，依托牛家坊民俗文化村服务业集聚区，辐射带动周边各村，将非遗展示、民俗传承、农事体验、观光休闲等有机结合起来，推动"旅游＋"融合发展，助力乡村振兴驶入"快车道"。

3. 挖掘资源，展现特色

资源挖掘涉及对乡村历史、民俗、手工艺、美食、语言等文化资源的深入调研，对文化资源进行系统分类，梳理出当地特色的文化脉络和文化载体，通过系统整合与创新展示，将这些文化资源以喜闻乐见的方式进行展示。

第三节　发展启示

一、文化内核是根本，着力打造有乡愁的乡村博物馆

乡村博物馆的建设既能"接地气"，又能保留原汁原味的"乡土气"。要深入挖掘在地文化，解码地方文化基因，凝练并提取形成乡村特有的文化符号，赋能展馆建设，让乡村博物馆成为有记忆点、承载乡愁、富含特色的场所。要高度重视文化内核的构建，没有文化内核

的乡村博物馆就如同无本之木、无源之水。地方特色产业、名人故事、重大事件等都可以成为"文化内核"的主题，比如，浙江湖州的宋茗白茶博物馆、湖笔文化馆，以地方独特的"白茶文化"和"湖笔文化"为切入点来办馆，有效促进了地方文化的传播与推广。

二、策展形式是抓手，着力打造有故事的乡村博物馆

如果说文化内核是乡村博物馆的立身之本，那么，科学合理的策展形式则能在很大程度上帮助博物馆讲好故事，有力助推乡村博物馆展览阐释。"展览阐释"的目的在于借助各类展陈方式，让观众对展览看得懂、悟得深。一方面，在策划时应重视展览逻辑线的处理，按照时间、事件等内容合理排列，文物、展品的展示要符合特定语境下的视觉呈现，必要时应该增加引导线、指示符号等内容；另一方面，在形式上追求观众喜闻乐见的观展形式。比如，互动小游戏、场景复原、多媒体数字平台等的加入，能够拉近游客和博物馆之间的距离，让乡村博物馆变得更具吸引力。此外，不同的展品有其特定的表达方式，选择符合展品定位、特点的表达方式，尽可能详细说明展品内涵也同样重要。

三、配套活动是保障，着力打造有流量的乡村博物馆

博物馆作为公益性文化机构，承担着"以物教人""以史育人"的使命，如何让更多人走进博物馆，吸收并领会蕴含在其中的传统文化、历史脉络、独特价值，是新时代建设文化强国背景下的一个重要课题。让更多人在乡村博物馆驻足，让乡村博物馆永续发展，创新配套活动形式显得尤为必要。比如，可以思考"合作式"办馆，类似市县公共博物馆与乡村博物馆的多元联动，能加强资源整合的力度与广度。在具体内容上，可以开展文化讲座、专业技能提升等课程。又如，可以和地方政府、学校合作，搭建"研学基地""美育实践"等平台，融入社会实践教育、职业教育等内容，增

强人们在乡村博物馆参观学习的体验性、趣味性、有效性。也可以邀请地方乡贤、退休教师、大学生等参与到乡村博物馆的志愿讲解队伍中，一同努力讲好地方故事。在具体配套活动的开展上，要保持对时事的敏感性，学会"借势"，如利用"国际博物馆日""开学第一课"等热点话题，打磨好活动品质，让"流量"成为"留量"。

四、线上线下互动，着力打造有体验感的乡村博物馆

为乡村博物馆搭建门票、民宿、酒店、商家等多业态互动营销平台，将分散的目的地资源整合到线上进行宣传推广。使用会员制、景区寻宝、徽章打卡、每日云游、到点盲盒等智慧营销工具和方式让用户分销裂变，线上线下联动交互，推动博物馆的粉丝经济发展。构建品牌宣传的线上新媒体矩阵、线下展览及活动宣传。通过对乡村文化的保护和传播，形成文化纽带，增加乡村博物馆的曝光度，进而增强人们的文化认同感。通过数字化平台与游客产生更多的交流互动，游客的每一次点击和操作都会记录在后台，博物馆管理人员可实时管控各项指标，第一时间发现游客不满和急需改善的短板，及时采取相应的措施，避免客流量减少。

第六章

乡村文创基地轻资产运营

　　随着乡村振兴与文化强国战略的推进与落实，乡村旅游迎来新的发展契机，将文化创意融入农旅产业，以活态化的乡愁情怀、乡土民俗推动农旅高质量发展，已成为发展趋势。乡村文创是指乡村文化创意，即利用人文、艺术以及商业等手段，促进乡村文化资源产业创新，为乡村特色产业发展提供支持，实现乡村文化产业化、高质量发展。优秀的乡村旅游文创产品能够凭借其精致独特的设计与丰富的文化内涵，在增加游客旅游体验、提升乡村旅游景区形象的同时拉动相关产业的发展。乡村文创强调利用物质载体，赋予产品乡村文化内涵，达到对文化进行创新性表达的目的，从而为产品赋能并展现产品价值，为乡村文化的发展注入新动能，促进乡村经济的发展，为乡村振兴战略的有效落实奠定良好的基础。

　　在乡村振兴战略背景下，开发乡村文创基地对促进乡村旅游经济的健康发展具有积极的意义。首先，将文创基地融入乡村旅游经济发展过程中，可以在促进乡村经济转型，实现农民增收的同时，为乡村经济的发展提供新的路径，也能够推动乡村特色农旅产业的发展。其次，乡村文创基地有助于实现乡村产品的市场化。推进文创产品开发能够摆脱传统的旅游发展模式，延长农旅产业链，将文化创意转变为实际的旅游产品，实现旅游产品的市场化发展，为乡村经济发展带来生机与活力。最后，文创基地的发展能够助力乡村振兴战略的有效落实，达到精准扶贫的效果。

第一节　运营模式

推进乡村文创基地的发展可以形成文创旅游新形式，改变传统的农旅发展模式，为乡村的发展提供动力，为新农村建设提供支持，丰富农旅产业的内涵。乡村文创基地不需要投入很多基础设施建设，更多地通过文化赋能进行轻资产运营。

一、注入艺术元素

艺术是一种对资源依赖程度极低的赋能方式，不论是废弃的仓库、老旧的厂房还是落魄的街区，通过各种艺术形式的加入，都能以一个崭新的面貌重新面对世人。因此，在自身资源不甚充足的乡村，尤其是那些缺乏独特的核心吸引物的乡村，用艺术激发乡村活力就是一个非常合适的选择。

1. 涂鸦

涂鸦是一种非常常见的街头视觉设计艺术，最早流行于美国街头。艺术家们在街区的墙壁上进行涂鸦创作，将整个街区装点得美丽又有创意，吸引了大量游人参观。这种文创模式也被乡村所采用，涌现出了一大批特色彩绘村庄（图 6-1）。

2. 雕塑

雕塑也是一种常见的艺术表现形式，相较于绘画来说更加立体、形象，并具有一种独特的交互感——人们可以与雕塑作品有更丰富的互动。并且，在情感方面，实体作品比绘画作品更容易让人产生情感上的联系和心灵上的震撼。用雕塑点亮乡村，可以给游客

图 6 - 1　浙江湖州长兴县虹星桥镇郑家村涂鸦墙

带来更多的体验感和乐趣。从游客的认知角度来说，他们往往也会觉得更加"有东西可看，有东西可拍，有东西可以分享传播"。

3. 田园艺术

可以说麦田艺术、稻田艺术等田园艺术是最契合乡村发展的艺术形式，目前，国内外已经有很多村庄通过创作麦田画、麦田怪圈等作品吸引来大量海内外游客，助力乡村发展。在我国，很多乡村在稻田上作画，给人们呈现出壮观、多彩的稻田画作品。

二、一村一品

一村一品的文创模式最早是在 1979 年由日本大分县知事平松守彦先生提出的。这种模式更多的是对于乡村产品开发的一种发展模式。实行"一村一品"其实就是一个地方只发展一种产品或产业，这样能够集合全部的资源和力量，在一个产品或产业的领域做大、做深。同时，如果在更大的范围内实行一村一品的发展模式，则能够在很大程度上减少同行竞争，获得更好的经济效益。

三、特色节庆

特色节庆是一种对当地文化、民俗、特色的集中性展现。这种文创模式非常适合本土文化浓厚的乡村运用。节庆活动的持续时间短、影响力大、感染力强，并且可以让游客有很深的参与感和体验感，能够一举引爆乡村的文旅市场。就目前的一些知名的节庆活动来看，主要有以下几种类型。

1. 音乐节

音乐节也有很多类型，有的是为了纪念某位音乐家而举办；有的是为了弘扬一种艺术形式而举办；有的是为了弘扬民族音乐而举办；还有的包含多种艺术项目。对不同的乡村来说，并不是每一种音乐节都可以助力自身的发展，只有选择适合自己的定位和实际情况的类型才能对乡村的发展有所助益，否则，不过是大家一起看个热闹罢了。比如，如果乡村的目标定位是年轻人的话，那么如果选择音乐节这种文创模式来激活乡村，就要选择受年轻人青睐的音乐形式，像电音节、流行音乐节等。

2. 艺术节

以艺术节激活乡村有着大量成功的案例，比如日本的濑户内海艺术祭就是一个以举办艺术节实现乡村振兴的典型案例。当然，乡村最原本的特色还是需要得到尊重的，这里毕竟不是艺术家的画布和个人秀场。在艺术介入的同时，还需要和乡村与当地村民和解，取得他们的信任，争取让他们也加入创作，让艺术真正和乡村融为一体。通过艺术节唤醒村民的本土记忆，同时让村民重拾对自我文化的认同与自豪感，逐渐化被动为主动地参与到艺术创作的过程中来，成为乡村不可分割的一部分。这在游客看来，也会更加自然、完整，更具吸引力。

3. 戏剧节

说到戏剧节，人们想到的就有乌镇。这个拥有 7 000 多年文明史和 1300 多年建镇史的地方，文化底蕴浓厚，独特的"旅游景区＋节庆"的模式更是让其在一众节庆营销、旅游景区中脱颖而出。从哈尔滨国际冰雪节到青岛国际啤酒节，从南到北，全国各个省域都在推出规模大小不一的节庆营销。仅靠节庆活动作为农旅产业支撑还远远不够，它只是乡村发展的助推器。乡村还要拥有完整的服务体系，再由像知名戏剧节这样的节庆活动引爆，才能达到一个很好的发展效果。

4. 农业节

农业节应该是最符合乡村气质的节庆活动。这是一种通过创意策划来展现乡村特色农产品的节庆文化活动，以短期聚集效应提升整个乡村的知名度、影响力和美誉度。比如昌平草莓节、安吉白茶节、浙江平湖西瓜灯节等。通过热闹的节庆活动，开展行业论坛、产品推介、参观体验、娱乐项目、销售促销等一系列活动，对乡村的特色产品和品牌进行塑造、宣传和提升。举办农业节庆活动，除了能够在活动期间获得经济效益和品牌效益，从长远来看也能对乡村的经济有所促进。

四、文创主题村落

文创主题村落这一模式是所有乡村文创模式当中产业整合最完整、对乡村发展赋能最全面的模式。这种模式都是以一个核心 IP 形象为基础，运用在乡村的餐饮、住宿、交通、消费、休闲娱乐、乡村旅游等方面，给游客提供一个沉浸式的旅游体验。

像我国台湾的妖怪村、马耳他的大力水手村、日本的柯南小镇等，都是以 IP 主题闻名世界的文创主题村落。在这些村落中，游客仿佛置身于童话般的世界，触目可及的地方都有着所喜欢的 IP 形象，所有的游玩项目都和这个 IP 有关，甚至是食物、旅游商品等。如果村庄选择融合的是一个有着庞大受众的 IP，且表现手法过硬，那么村庄未来的知名度和经济收益是可期的。

第二节 实战成功案例解析

一、川音艺谷

据报道，川音艺谷坐落于成都市新都区石板滩街道韩娥社区叶家大院（图 6-2），是田勇主持的四川音乐学院国家艺术基金"历史文化民村设计人才培养"项目的实践基地，也是全国首个以"大学＋乡村"模式为核心落地乡村的艺术文创园区。川音是四川音乐学院的品牌，艺谷代表艺术的集中高地，就像硅谷、医药谷等，艺

图 6-2 川音艺谷

谷是艺术家聚集的高地。

　　田勇表示，老师经常带学生到周围的乡村写生、调研，相比城市近郊，那里的乡村破旧、凋敝，几乎没有年轻人的身影，最终等待它们的，很可能是没落、消失。为了高校服务乡村、艺术改变乡村，将学校教学和人才资源带到乡村，通过在地的设计项目为乡村振兴赋能，在高校、地方、企业三方的共同努力下，川音艺谷雏形初现。经过 4 年的努力耕耘，以前的空心村变成了充满艺术感的幸福村。目前，川音艺谷已建有 9 个艺术家院落。画展、艺术展、雕塑展，这些以前常在城市中举办的艺术活动，在川音艺谷诞生之后开始频繁亮相于乡村。

　　川音艺谷的九大业态如下：

　　（1）乡村美术馆及艺术党建中心业态。艺术党建中心、环境艺术设计工作室、公共画室、乡村美术馆、特色餐饮、高端民宿等。

　　（2）四川省雕塑协会实践基地业态。雕塑展示空间、川音雕塑系实训基地、休闲咖啡等。

　　（3）成都多维艺术空间业态。全川中小学美术教师提升培训、全川中小学动漫系统课程、全川高校动漫沙龙与对外交流活动等。

　　（4）成都喜舍空间业态。文创产品展览展示及相关设计与制作服务，艺术创作及体验工作室，提供私人及公司团体的聚会场所以及相关服务等。

　　（5）乡村图书馆业态。乡村图书馆，为当地居民提供免费的看书学习空间，儿童自然科学体验，包括儿童美术、书法、国画等艺术体验研学营地。

　　（6）雕塑创作工作室业态。雕塑工作室、室内设计、林间茶舍。

　　（7）四川省美术家协会水彩画艺术委员会创作基地业态。水彩画艺术家工作室、花园茶座，后期根据园区发展情况开设民宿等。

　　（8）青荣文创研发中心业态。慢物质文创产品研发中心、"新匠人"工作室、慢物质文创产品展示中心、慢生活高端民宿、艺术与生活体验馆等。

（9）腾挪空间业态。空间以腾挪命名，意在以挪用、涉入、呈现非既定艺术领域或者非艺术角度出发的有关整体、有关观念的艺术事件。个人工作室主要用于个人艺术创作与交流活动；腾挪空间（成都）华侨城盒子美术馆驻地艺术家创作基地主要为华侨城盒子美术馆驻地艺术家提供驻地创作、生活与展览的场所等。

具体举措

1. 以问题为导向，立足实际找到破题方法

按照建设规划，川音艺谷以"艺术点亮乡村"为主题，致力于打造一个集文艺创作、文创产品展示交易、慢物质文创产品研发生产销售、文创亲子体验、艺术人才培训、高端民宿、园林式餐饮于一体的文创主题乡村体验度假旅游目的地、绿道经济特色旅游高地。

2. 以党建为引领，做好基础治理样板打造

川音艺谷项目以叶家大院及周边土地资源为核心进行建设，占地近 330 亩，其中院落 110 亩、农田部分 220 亩；涉及农户 106 户344 人，建成后众多艺术家工作室、商户入驻。由"川音艺谷联合党委＋韩娥社区党委＋川音艺谷自治委员会"构建起的"三级联动"体系成功搭建。为进一步发挥党建引领作用，确保"三级联动"有效运行，实现精准化服务、精细化治理，形成了川音艺谷联合党委负责川音艺谷片区的招商、项目推进、公共服务的重大事项；韩娥社区党委负责社区治理服务和公益服务；川音艺谷自治委员会负责叶家大院内部治理和居民互助公益服务的"三事分流"机制。

3. 以满意度为标尺，点亮乡村振兴前行之路

各具特色的艺术设计散布在青山绿水间，精心设计的熊猫雕塑在民居外墙"安了家"，动听的乐曲随着河流蜿蜒而下，经过三年的改造建设，在艺术的浸染下，传统的乡村即将完成"艺谷"的蝶变。据悉，目前川音艺谷重点建设的四川省雕塑协会实践基地、成都多维艺术空间、成都喜舍艺术空间、乡村图书馆等九个艺术院落已完成施工，全面开放后将会迎来一轮打卡热潮。

今后川音艺谷将有望成为"艺术、设计、商业、生活"融合发展，"器赏有格、空间有美、视觉有新"的最成都·生活美学新场景特色旅游胜地，为建设宜居宜业、宜学宜旅、生活富裕的"艺术创意村"乡村治理样板打造贡献出石板滩力量。

二、沧溪风华录

据报道，沧溪村有着 1 700 余年深厚的文化底蕴和璀璨的人文景观、古朴的民居建筑。这里自古名贤辈出，"三举五贡四十八秀"曾在浮梁县独占鳌头，更是理学家朱宏的故乡。清末民初时期，因茶号的发展涌现了一大批茶商，故而留下了许多装饰华丽的精美建筑。

2021 年，在江西浮梁沧溪村推出的开放式真人实景国风沙盒游戏《幻乡·沧溪风华录》，见证了一个文旅新物种的诞生。所谓"沙盒"就是让玩家置身其中，以第一人称的视角带入游戏中，亲身参与执行任务并达成游戏目标的游戏概念，而《幻乡·沧溪风华录》就是让游客都变成了"玩家"。项目以"田园国风"为核心，在当地 1 700 余年的人文背景下，充分利用古建筑群、竹林溪水、历史文脉、传统民俗等资源，打造了一个封闭的"穿越世界"，通过 3 条故事主线和 160 多个支线，将祠堂、茶铺等村内的人文地标与自然景观串联起来，创造了一个武侠江湖。玩家在 4 万多平方米

的古村世界内自由探索，游客进村时换汉服、选择身份，通过和沧溪村村民本色出演的 NPC 对话，推动剧情发展，在游戏体验中感受沧溪古村悠久的文化底蕴，领略当地优美的自然风光，由此形成了独有的沉浸式游戏和游览体验（图 6-3）。

图 6-3 《幻乡·沧溪风华录》体验场景

具体举措

1. 深入研究与需求分析

在项目启动之初，风雅六合团队与清华文创院共同展开深入研究，从以印象系列、宋城模式为代表的传统景区大剧，到以《不眠之夜》为代表的浸入式戏剧，以及实景剧本杀、密室逃脱等市场上存在的各式各样的实景沉浸式项目，结果发现竟然没有真正适配沧溪古村的"可复制模式"。要么前期投入巨大，动辄数以亿计；要么对演职人员专业能力要求太高，无法通过短期培训实现未来由在地人员运营的目标；要么单场可容纳玩家人数太少，且低复购率，不足以形成至少 70 千米距离的目的地旅游所需的"产业规模"。

2. 选择剧本杀作为切入点

从剧本杀的项目角度来看，村落内的大面积实景场地，为玩家提供了更大的活动空间和更深的代入感。剧本的核心主题和元素也可以直接从村落所在的地域文化中进行提取，村落内的餐饮、生宿等商业组成可与"剧本杀"进行联动，在增加游戏趣味性、体验感的同时帮助村落增收。

3. 构建"沙盒世界"框架

经过多轮策划会讨论，确定了以文（沧溪古村朱子理学传承）、武（沧溪古村始祖朱秀为唐代将军）、商（沧溪古村明清时期有六家茶商商号）三道为框架，构建一个专属于沧溪古村的"沙盒世界"，给予玩家高自由度，不必被剧情或演员"牵着走"，玩家可以充分发挥自己的想象力和创造力。

4. 轻资产、精流量、重体验理念

在整个项目的进程中，主创团队始终坚持着轻资产、精流量、重体验的创作思路，最大化保护性利用了沧溪村极具"田园国风"属性的古建筑群和两山资源，同时在剧情和任务方面进行高度定制化创作，极大降低了场景搭建的相关成本，更注重服装道具结合场景带来的沉浸感加成，以及精心设计玩家和NPC之间、玩家和玩家之间的强互动来塑造高欢乐值的游玩体验。

5. 充分利用当地资源

现场工作人员中有来自中央戏剧学院、北京电影学院等院校的专业演员，更多的是来自景德镇当地的文艺爱好者，以及沧溪村的村民们。《沧溪风华录》沙盒世界在村内的置景施工全部由沧溪村的"老年男团"一手操办，部分搭建用的竹子也都来自后山的竹林；年轻的"村官"担当屈原祭祀仪式的赞礼；妇女主任也带头和化妆师学起了汉服妆造；村里的大娘们也换上了汉服，化身 NPC 指导玩家包粽子、搓五彩绳。一时间，演员、玩家、村民形成一片祥和氛围，这对每一个人都是一种全新的体验。

6. 创新内容与社区参与

轻资产保证了项目的可执行性和可复制性，精流量避免了传统文旅项目对淡旺季的周期依赖，重体验保证了每一个玩家都能获得较好的游玩感受以及创造高客单值的可能性。创新的优质内容对流量形成了强吸力，良好的体验又保证了流量的留存和自生长，为《沧溪风华录》未来可持续运营奠定了基础，形成了良好的回路。《沧溪风华录》全程更是充分激发了沧溪村民的积极性和主观能动性，为后续持续运营提供了实践验证和群众基础。未来，《沧溪风华录》计划通过多次迭代测试，以及对村民进行更多的技能培训，逐步实现由在地人员持续运营，全面解锁乡村振兴的"沧溪村模式"。

三、"缊泉烧" 陶瓷文创共建基地

据知乎、澎湃新闻、新华网报道，由旧式龙窑转型而来的"远山有窑"是三河村艺术活化乡村的起点。这座建于 20 世纪 80 年代末的土窑厂曾因经营不善而一度荒废，2016 年经重庆大学建筑系田琦教师设计改建后，昔日"土窑"摇身一变成了集手工制陶、文化体验、休闲观光于一体的公共文化体验平台。该项目不仅盘活了土地资源，让 1 629 位农民变股东，每年支付村集体各类分红 6 万余元，更让刘氏土陶制作这项非遗技艺纳入重庆沙坪坝区级非物质文化遗产名录。

"远山有窑"项目的成功让三河村决心探索艺术与农业、旅游业结合的更多可能。2019 年以来，三河村先后打造以三合美术馆为代表的品质艺术文创基地、以石头花园为代表的自然民宿餐厅、以萤火谷文创农场为代表的特色休闲农业园等项目 28 个，"缙泉烧"成为成渝地区双城经济圈第一个陶瓷文创共建基地。

作为三河村的"新村民"，"缙泉烧"创始人陈勇希望把产业带进乡村，和三河村村民一起创造美丽、富裕的新家园。陈勇为文创项目取名为"缙泉烧"。"缙"指的是缙云山脉，代表着土，"泉"代表了水，水和土的交融，最后通过火，即"烧"，变为瓷器。陈勇这样诠释"缙泉烧"名字的由来。

2020 年 6 月，占地五千余平方米的"缙泉烧"项目落户三河村（图 6-4）。这一文创项目集柴电气烧工坊、陶艺研学、陶瓷文创、陶瓷艺术展览、陶瓷主题民宿等于一体。项目带动了大批当地农民和大中专院校学生就业，乡村旅游及研学人数累计已突破五万人次。此外，陈勇还为重庆市各区县特殊学校的老师进行陶瓷技能培训。

图 6-4　"缙泉烧"陶瓷文创共建基地

农闲之时，大批村民来到"缙泉烧"门前的大院坝，在这里，陈勇露天授课，向村民们传授"手捏杯"的手艺。后来，不止"手捏杯"，心灵手巧的村民们还捏猪、狗、牛等生活中熟悉的动物，造型栩栩如生。村民们的劳动成果，陈勇帮忙烧制上釉后，摆在"缙泉烧"出售，又成为村民们创收的一条独特路径。

"我们一方面深耕本土进行陶艺创作，将重庆城市文化、地方特色与陶瓷制作结合，创新研发远山、见山、民生等 6 个系列陶瓷文创产品；另一方面定期开展陶瓷技能培训、陶艺研学、陶瓷艺术展览，传授村民制陶烧陶手艺，以此带动村民增收致富。"陈勇说。

具体举措

1. 打造艺术村落

三河村因三岔河等三条溪河汇集于此地而得名，人口结构失衡、产业基础薄弱、配套设施欠缺、村集体经济发展乏力曾让这里一度成为"空壳村"。为了撬动社会资本参与农村改革，2019 年底，三河村村支两委决定将文创产业作为支柱产业，打造"艺术家村落"，使文创产业成为三河村乡村振兴的"金钥匙"。

2. 艺术家成为"新村民"

随着"艺术家村落"日渐壮大，越来越多的艺术家、非遗文化传承人成为三河村"新村民"。2022 年 6 月，重庆首个乡村美术馆——三合美术馆在三河村开馆，这里以艺术展览、艺术研学、艺术交流、公共教育、艺术作品交易为主，兼具茗茶、咖啡休闲等功能，重庆大学、四川美术学院等高校教师组成的专家顾问团队和150 余位青年艺术家成为三河村的"新村民"，让艺术在乡土田园中生根。

第三节　发展启示

一、挖掘乡村旅游文化价值

要注重对历史积淀与现有文化资源的独特内涵进行深入的挖

掘，注重在社会主义核心价值观的指导下，挖掘出独特的文化价值内容。用现代科技、文化、社会与人文方式对独特的文化价值的外在形式进行重塑，能够运用有效的物质载体，如故事、社会活动、器物等把无形的文化变为有形的文化资源，从而体现出乡村文化的价值内涵，更好地迎合现代旅游者的文化与精神求异需求，实现差异性和个性化旅游产品开发，满足旅游者的旅游体验目的。

二、设计开发有效的农旅产品

在乡村文创基地开发过程中要运用就地经营的思路，能够充分运用文化创意的设计，在农旅产品中充分融入地方特色与文化风情，促进游客在旅游中体会当地的历史文化风貌，真正地用人文精神来吸引和挽留游客。结合乡村节庆活动、特色农事活动，或者把特色文化融入农旅产品当中，力求设计有极好参与性、互动性和体验性的综合型农旅产品，从而达到农旅发展的差异性目标。

三、创新农旅开发模式

强调文化创意视角下开发主体多元化，还要在传统农户模式的基础上融入现代的"专业公司＋农户"的模式，从而发挥出龙头企业引领作用，并且不断地优化农村旅游及文化产业资源，实现统一经营管理，提升农旅产业的整体经营实力。借助地方的花海、农业园、植物园等不断增加特色旅游产品的价值，形成循环形态农旅产业。进一步加强科技元素的运用，注重科研、科普、生态加工与挖掘地方传统文化资源，构建教育型、认养型、观赏型等不同的乡村创意农旅发展模式。

四、延伸创意产业链

围绕信息时代的特色，加强相关新媒体技术与旅游产品的发展，注重以新型旅游文化和旅游创意为手段促进农旅产业的快速发展，能够在互联网渠道借助微信、微博、网站等加强农旅产品的营销。注重以乡村旅游体验营销、品牌营销、网络营销的方式不断与游客产生互动，从而全面激发其购买欲望，达到提高游客忠诚度的目标。还要借助创意型的宣传片、主题特色文化活动的方式进行宣传营销，加强对游客的吸引力，达到全面展示农旅品牌的目标。

五、引入专业团队

发展文创需要有专业的人员来实施。把乡村这片土地潜在的气质激发出来，需要引入外力支持，如艺术家、工艺师的介入与辅导，培育和鼓励当地组织、民间力量成为乡土文化创新的主体。农村文创光靠村民自身去做有很大的局限性，最好能借助专业服务和中介服务的力量。另外，最好能吸引具有专业设计能力、开发能力、专业文化知识的创业者参与到乡村文创建设的过程中来，奠定乡村文创发展的人才基础。

第七章

乡村研学教育实践基地轻资产运营

　　乡村研学，是通过在乡村环境中进行学习和研究，来提高人们的知识水平和生活感知。它将传统的教育方式与现代的休闲体验相结合，让人们在欣赏乡村风光的同时获取新的知识和技能。乡村研学作为一种全新的教育方式，不仅可以带给学生全新的体验和认知，还可以推动乡村旅游和乡村经济的发展，探索新的发展模式，创造新的发展空间。研学旅行受众群体中，3～16岁人群比例超过80％，青少年人口为研学旅行带来巨大的市场需求。随着文化探寻、非物质文化技艺体验学习、党建教育、终身学习等观念不断发展，以及高质量社交等市场需求增加，研学受众群体已逐渐从青少年发展到全年龄段。

　　以营地教育为流量引擎，链接激活乡村在地化文化和周边产业，迭代发展，赋能、带动整个乡村恢复生命力，打造与城市交融互补的理想人居模式，形成共生、共创、共享城乡融合型和美氛围。通过乡村研学可以感受乡村的美丽、了解乡村生活和文化传统，寻找乡村优质资源，优化资源结构发展，为乡村振兴作出应有的贡献。在乡村建设中，需要不断创新思路，拓宽渠道，加强教育和文化等多方面的工作，将乡村振兴与乡村研学两者有机结合起来，形成协调有序的乡村发展新局面，为推进乡村振兴事业创造更好的条件，更好地发挥乡村研学的积极功能和意义。

第一节　运营模式

乡村研学作为当下比较受大众喜欢的研学旅行模式之一，具有复制性强、建设简单、消费群体大等优点。研学旅行和农旅的融合发展，既是立德树人、实践育人、综合育人的新模式，又是乡村旅游发展的新方式，可以带动乡村经济发展。

一、乡村研学教育实践基地的类型

1. 农业研究型

以农业生产型基地为主，在生产种植的基础上，开展研学旅游。通过参观游览、农产品种植、栽培等活动，直接观察现代农业的相关生产生活，对学生进行农业知识科普教育。

2. 田园体验型

田园体验型研学的目的是培养研学受众的动手能力以及普及农作物常识。常见项目包括蔬菜采摘、果园采摘。而随着消费升级，许多田园体验型研学已不仅仅是农作物种植观赏，而是将农产品加工、餐饮、住宿、手工、教育等进行全面配套，为学生及家长提供全方位的服务。

3. 生态研学

生态研学的场地多以乡村中的自然环境为主，目的是让研学受众将大自然当作"老师"，在与自然相处的环境中，激发对大自然的浓厚兴趣，并且引导研学受众去探究问题，获取知识。此

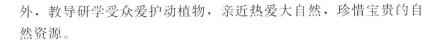

外，教导研学受众爱护动植物，亲近热爱大自然，珍惜宝贵的自然资源。

4. 科技研学

科技研学的目的是让研学受众锻炼思维，进一步了解最新农业科学、乡村数字化常识，激发对科学技术方面的兴趣。在科技研学方面，目前主要实现场地有农业科技展馆类、农业科技园区类以及农业科研类机构或实验室、生产工厂等。

5. 营地研学

营地研学是指适合中小学生前往开展研究性学习和实践活动的优质资源单位。乡村当中可以规划建设包括接待、教育、娱乐、观光等综合性功能区域的研学营地，也可以对休闲农场等现有设施按照研学接待标准进行提升改造。营地研学的主题性和体验性较强，通过设计旅游线路和亲子互动活动，开发不同学段（小学、初中、高中）与学校教育内容衔接的研学实践课程，丰富研学旅行内容。

6. 红色研学

红色研学依托乡村中独有的红色教育资源，结合研学受众身心特点、接受能力和实际需要，开发了多种励志修身体验、情景演绎、立志成才礼等主题活动课程。引导研学受众追忆往昔峥嵘岁月，深切感知革命先辈的艰辛。在革命主义精神与红色基因传承的交相辉映中，增进爱国情怀与民族自豪感。

二、乡村研学教育实践基地课程内容

研学旅行超越了教材、课堂和学校的局限，向自然和研学受众的生活和社会领域延伸与扩大，让研学受众看到真实的世界，体验真实的生活，激发对自然、人文、宇宙的好奇心和探知欲。研学旅行在一般视角下普遍认为特指青少年研学旅行活动，但随着文化探寻、非遗技艺体验、党建教育、终身学习、高质量社交等需求的出现，研学受众群体逐渐从青少年发展到全年龄段。乡村研学教育实践基地要想获得运营上的成功，离不开具有科学性、趣味性、主题性、系统性的课程内容。

乡村研学教育实践基地的课程内容可以从以下几个方面入手进行主题设计。

1. 农业生产

在劳动教育政策理念指导下，在乡村可以开展相关的农业生产劳动教育课程。课程内容可以是二十四节气，生产工具的了解和使用，农作物的耕种、管理、收获等，通过这些课程让学生了解农业生产的开展过程。

2. 传统手工艺

乡村拥有丰富的民族文化、传统手工艺和非遗技艺，蕴含着世代相传的智慧和美丽。手工艺源于农村居民对生活的需求，涵盖了农业生产、日常生活和文化传统等各个方面。这些手工艺品反映了传统社会人们的生活状况和商品流通情况，可以让研学受众在沉浸式的体验与学习中爱上传统手工艺，助力传统文化的传承与发展。

3. 民俗文化

乡村文化是中国乡村的灵魂，民俗文化更是在乡村文化当中具有代表意义。民俗文化反映村民独特的生活方式，正所谓"百里不同风，十里不同俗"。利用其中积极的资源开发相应的研学课程来满足研学受众的需求，能够让整个研学旅行活动充满浓郁的差异性和地方性的文化体验。

4. 特色建筑

乡村传统建筑是对当地自然地理、气候、资源和文化内涵的综合反映。乡土建筑是乡村文化的重要载体。建筑不只是物理的空间，也是人与自然长期互动的结果，如古建筑、传统乡村街道、特色村巷、牌坊、石窟、遗址、宗教场所。

5. 自然教育

在习近平生态文明思想指引下，可以开展相关乡土自然教育活动，去认识和发现乡村智慧、乡村生活。根据村庄特色、自然地理环境、动植物资源去开发相关自然教育课程内容。

6. 乡村振兴

了解从古代乡村治理到现在乡村振兴的历程，了解现代社会发展下的新型村落、特色村落，进行关于乡村振兴模式的探索比绞研究，提出自己的见解，同时能研究相关设计和创意在乡村中的应用。

7. 红色文化

红色资源是中国共产党艰辛而辉煌奋斗历程的见证，是最宝贵的精神财富。我国广袤的乡村地区拥有大量的红色文化资源，乡村地区这种独有的现实条件也要求我们要深入挖掘乡村红色文化资源，凝练乡村红色文化精神。开展"红色实践"，传播"红色经典"，培养有理想、有本领、有担当的"红色传人"。

第二节　实战成功案例解析

一、福建省建宁黄坊乡创新"研学＋"模式

据报道，2021年以来，黄坊乡不断挖掘地方特色资源，将中小学的研学教育实践与红色文化、生态文旅、绿色休闲等产业有机结合，探索"研学＋"发展新模式，通过政企共建，打造福建读行学堂建宁研学营地，走出一条乡村振兴的可持续发展之路。

福建读行学堂建宁研学营地按照国家级研学基地的标准投资建设，是集研学教育与实践体验于一体的综合性营地（图7-1）。项目总投资600万元，依托黄坊乡武调小学闲置校舍资源，现已建成"户外课堂""手工天地""生活之家""体能训练场""军旅食堂""铁路安全教育基地"等配套设施。营地坐落于建宁县动车北站旁，占地面积约5 000平方米，交通便利，距离城关约12千米，15分

图7-1　福建读行学堂建宁研学营地

钟车程，地理位置十分优越。

　　黄坊乡探索"研学＋"发展新模式，结合"乡村振兴"主题，融入"大研学"主线，打造"红色、生态、文化、乡村"四条精品研学路线和"农耕体验、自然教育、军事训练"三大精品实践课程，力争把研学营地建设成为乡村振兴新引擎、新标杆、新样板示范基地。

具体举措

1. "研学＋"集聚乡村人气

　　源源不断的研学受众可为乡村振兴注入持久的动力，使昔日沉寂的村庄聚拢人气，提升名气，让乡村火爆起来。

2. "研学＋"激活乡村经济

　　一方面，研学营地周边村民能够应聘营地管理员、保洁员、服务员等，实现家门口就业，村民能够售卖土特产、瓜果蔬菜等农副产品，开办特色民宿、农家乐，实现增收致富。另一方面，采用"营地＋村委会＋合作社"模式，盘活乡村现有农业资源，协调流转周边60多亩田地、竹林、莲塘，建成农耕文化体验场所，作为学生户外研学点，增进学生实践能力的同时，发展壮大村集体经济。

3. "研学＋"带动乡村产业

　　通过搭建研学与乡村这座桥梁，有效带动乡村"红绿"产业。鼓励营地与研学点所在村的党支部、村委会签订合作协议，由各村负责教育实践的体验项目建设，项目体验的收入归村民或村集体所有，形成"一核引领、多村协同、连片繁荣"发展格局。

4. "研学＋"助推乡村建设

为满足研学需要，深化资源配套，进一步提高村容村貌和旅游接待能力，在改善村庄人居环境的基础上，探索走出一条集观光、休闲、体验为一体的研学旅游新路子，旅行、旅游、旅居秀美黄坊画卷正徐徐展开。

二、山东省中郝峪村幽幽谷

中郝峪村位于山东省淄博市博山区东南部，森林覆盖率达到85％以上，风景秀丽、空气清新、气候宜人。全村实行公司化统一管理，大力发展休闲农业与乡村旅游产业，使一个贫困空心村变为一个美丽新农村，使绿水青山变成金山银山。

2013年中郝峪村完成集体产权制度改革，实现了资源变资产、现金变股金、村民变股民的转变。以将全村山林、土地、房屋、农田承包权等以经营权入股的形式成立了淄博博山幽幽谷旅游开发有限公司，通过公司来完善一、二、三产业机构框架，负责对全村所有经营性项目进行规划设计、经营管理，并统一进行利益分配，同时，代表村集体和全体村民对外合作。坚持"以农民为主体、让农民共同致富"的理念，探索实施"公司＋项目＋村民入股"的综合性发展模式，现已发展成集农业、农产品制售业、服务业于一体的三产融合综合发展、人与自然和谐共生的社会主义美丽乡村。

具体举措

1. 研学教育实践基地

中郝峪·幽幽谷中小学生研学实践教育基地是山东省首批中小学生研学实践教育基地（图7-2），也是淄博市市级中小学生研学实践教育基地。基地设置研学项目 50 余项，并设有非遗文化体验区、农耕教育实践区、自然资源探索区、趣味运动体验区、素质拓展训练区等多个研学区域。在师资建设上，基地配备研学实践教育专员与专业研学指导教师，并对其定期培训学习、专业考核，提升综合专业知识与素养。近几年由基地课程研发团队所设计的研学课程方案多次在省级研学大赛中斩获大奖。

图 7 - 2　中郝峪·幽幽谷中小学研学实践教育基地

乡村开发研学教育，难点在于缺乏专业化的课程研发人才，但这并非不可突破的难题。立足地方特色资源和民俗文化，打造体验式教育场景，根据市场反馈逐渐打磨和迭代，完全有可能打造高品质的研学教育课程体系。中郝峪村的资源特色并不显著，经过多年的摸索，逐渐将目标客群聚焦于"3～18 岁的孩子"，并组织员工全面研究中小学课程内容和教学大纲，结合本地特色开发了系列体验课程。其中，"八大美食体验"是最受市场欢迎的项目。这个项目将淄博有代表性的八大乡村美食，以体验式教学的方式呈现给游客，过程中穿插寻找锦囊、团队任务、说学逗唱等趣味化的环节，让游客在品尝美食之余学到了东西、获得了乐趣，令人印象深刻。

2. 成人拓展团建基地

除了乡村旅游、团队研学外，中郝峪·幽幽谷还是一个成人拓展团建基地，可承接各类型拓展团建活动。基地设有地面拓展区、高空挑战区、低空网绳区、趣味运动场、户外攀岩场、篝火晚会场等多种户外拓展场地，项目从难易程度到体能耐受力都可以进行选择，可以满足大中小企业不同的拓展团建需求。在方案制订上，基地有专业设计团队，每年都会推出新的拓展团建方案，同时也可以根据客户的需求进行定制。基地配备专业拓展培训师，熟悉不同行业、不同人群的心理性格特点，在带队过程中能够有针对性地进行疏导训练，完全可以达到企业想要的培训目的。

三、浙江省兰里研学大本营

据报道，兰里研学大本营位于西湖区三墩镇西北部的杭州兰里景区（图7-3），占地约8.2万平方米，总投资约2亿元，涵盖核心教学区、功能实践区，以"农业＋研学＋旅游＋文化"互促共融，打造乡野田间的科学营地，是西湖区乡村旅游提质发展的"新样板"。

核心教学区以兰里田园学校为主体，建筑面积约1.3万平方米，涵盖3幢综合教学楼，建有8间个性化教室、6间科学实验室，及百余间学生及亲子宿舍，高科技试验器材、声光电媒体系统、水电气暖等设施设备一应俱全，可同时满足1 200名学生的学习需求、300人的用餐需求和500人的住宿需求。功能实践区分为"田野乐园""农业体验园""花木大世界""乡村印象馆"4大学区，覆盖了1.9万平方米露天农事体验区、1.5万平方米现代农业科技温室，以及周边3.3万平方米户外运动专区。

兰里研学大本营聚焦乡村旅游新样态，依托兰里景区自然禀赋

图 7 - 3　"向往的农庄"浙江省兰里研学大本营

及现代农业产业，深耕良渚农耕文化、本土非遗文化，创立"耕读传家""现代智慧""匠心手艺""岁时节令""人间烟火"和"生命物语"六大系列，涵盖农耕稼作、科技探究、花艺设计、创意手作、户外拓展和萌宠互动等 80 余项精品课程，以课程化、品质化、创新化，探索教学与实践"一体联动"运作管理，打造杭州都市农业研学新地标。

具体举措

1. 兰里田园学校

配套设施齐全，建筑面积约 13 000 平方米，可容纳 1 200 名学生同时学习。基地配备 16 间教室，更有杭州首家研学专用组培实验室，作为科普教学的配套使用教室。学校与浙江省农业科学院形成全方位战略性合作，作为省农业科学院的对外示范基地，营地将全方位展示省农业科学院最新农业科技成果，努力将营地建设成为全市领先、全省知名、全国闻名的标杆和样板。

基地成立了 3 支科普服务队伍，开发了丰富的科普课程（活动），打造兰里田园学校，结合兰里最鲜明的农业元素，以农业知识为核心，形成了"农业＋"的科普知识体系。在"三生"（生产、生活、生态）、"三农"（农业、农村、农民）六个维度下，结合兰里景区的当地资源，延展打造新劳动教育、非遗手作、食育教育、自然教育、科技 STEAM、户外素拓六大课程体系，由上百节研学科普课程组成。

围绕"学生＋家庭""学校＋社会"，以"生产、生活、生命"的空间轴与"古法、当下、未来"的时间轴，结合农事活动的季节特点，分为春、夏、秋、冬四个篇章。每个季节篇章都设计"耕读传家""现代智慧""匠心手艺""岁时节令""人间烟火"和"生命物语"六大单元。

（1）耕读传家。以传统农耕文明的理论解读与实地实践为核心，带领学生亲身体验传统乡村的四季农耕。

（2）现代智慧。依托现代农业设施及技术，带领学生见证科学技术为农业生产带来的革命性成果，着力培养学生的创造性思维。

（3）匠心手艺。课程植根于自然田园和传统文化，旨在培养学生的艺术创想和手工创意能力。

（4）岁时节令。以二十四节气和传统节日为脉，带领学生邂逅四季之美，了解不同时令的传统民俗。

（5）人间烟火。以培养学生自主动手能力为主，通过亲手制作特色美食，学习并感悟中华美食文化的博大精深。

（6）生命物语。课程围绕生命感知、素质拓展、急救培训及当地风土人情教育展开，帮助学生更全面地丰富常规教材以外的知识体系。

2. 兰里辅学区

以自然科普、田野体验、农学研学为核心，结合户外健身活动、民俗文化体验、安全教育等功能，让孩子重新接近自然。

（1）滚滚草坪。占地约 14 000 平方米的户外运动专区是孩子们娱乐学习的好去处，也是帐篷露营、户外休憩的理想场所。

（2）一米菜园。涵盖可食香草种植区、蔬菜立体栽培区、种植采摘体验园及其他配套设施和物业。既可以欣赏不同色系、不同形态、不同品种、不同风格的蔬菜，又可以亲自体验采摘新鲜蔬菜的乐趣。

（3）香草基地。香草基地融观光性、科普性、互动体验性于一体，根据各类香草生长周期分时段制订不同种植方案。

（4）耕读农园。耕读农园的名称取自"晴耕雨读"之意，以传统农耕文明的实地实践为核心，带领研学学生体验传统乡村的四季农耕。

第三节　发展启示

一、加强乡村研学旅行基地建设

研学旅行基地是一种场所，在研学旅行活动中，是实现研学旅行教育目标的重要保障。政府应充分发挥统筹规划的职能，处理好研学旅行开展和当地乡村旅游发展之间的关系，从总体上把控好乡村研学基地建设，促进研学资源融合，为学生营造良好的乡村研学旅行大环境。政府还要统筹协调与乡村研学旅行相关行业发展，完善政策，调动各行业的积极性，可携手旅游企业、旅行社、社会教育机构、中小学校共同发力，发挥各自优势，为建立研学旅行基地出力。研学旅行基地的建设有两种方案：一是依托乡村现有景点景区，有目的、有计划地打造或改造升级一批研学旅行基地。二是从无到有，新建一批乡村基地。乡村研学旅行基地要利用乡村的特色资源，并且使教育蕴含在其中，集观赏、互动、体验、探究于一体，让学生主动参与。

二、注重乡村研学旅行课程的开发

1. 注重课程的教育性

研学旅行的最终目的是实现其教育性，是为了提升学生的综合素质，但是目前部分研学旅行实施过程中存在"只游不学"的现象，达不到教育和研究的目的。因此研学旅行课程的设计要以教育目标为起点，需要对所要培养学生的核心素养有所预期和设想。目标确定后，再从内容、资源、形式、评价等方面对研学旅行的课程进行专业设计。研学旅行资源方面，应选取乡村具有教育意义和研究意义的典型资源，使研学旅行资源最大程度地发挥"研学"的作用。乡村研学旅行课程要遵循学生的身心特点和学情特点，注重知识性、科学性和趣味性，使学生能够通过参观、体验、实践过程拓宽视野、亲近自然、了解社会，最终实现旅游与研学的融合发展。

2. 充分挖掘乡土特色

现有实践表明，乡村研学旅行课程存在与当地特色传统文化脱节、地域特性不强的问题，因此开发乡村研学旅行课程，应以当地乡土资源和乡土文化为切入点，要注重乡村性和乡土性的挖掘，注意强化乡村特色和城市的差异性。设计研学旅行课程时，可结合乡村自身的地貌景观、自然资源、动植物类型、农村劳动体验、农耕文化、历史故事、乡村节庆和乡土文化等，设计出不同主题、针对不同学段学生且乡土特色强的研学课程。依据乡土资源的划分，研学旅行课程可以分为以下几类：乡村自然景观和生物认知研修类

（包括乡村农作物、蔬菜、水果、常见植物、家禽家畜、常见昆虫、地形地貌等的认知）、劳动体验类（包括植物种植、动物喂养、农产品采集加工、农具操作等）、乡村文化探索类（包括农村建筑文化、农耕文化、当地的风俗习惯、乡村特有的手工艺产品、乡村历史文化）、红色教育与励志拓展类。

三、重视相关人员的培养和培训

1. 加强研学旅行指导师的培养

研学旅行指导师是指在研学旅行过程中组织和指导研学受众开展各类研究性学习和旅游体验活动的专业人员。传统的大众旅游中有导游，研学旅行中的研学旅行指导师不同于导游，研学旅行的主要目的是育人，所以研学旅行指导师与导游的专业素养要求就有很大的不同，研学旅行指导师专业素养的高低一定程度上决定了研学旅行的实施效果。具体来说，可从以下方面着手培养乡村研学旅行师资。第一，对于在职人员来说，邀请动物学、植物学、乡村文化等方面专家对研学旅行指导师进行知识方面的培训，给研学旅行指导师创造和当地村民交流的平台，让研学旅行指导师自己体验乡村生活和乡村研学旅行课程。第二，加强相关专业储备人才的培养。研学旅行专业的课程中，可以增加乡村文化类理论课和乡村体验类实践课。旅游类专业的课程中，可以开设相关教育类课程。教育类专业课程中可以增加旅游、农村旅游、乡村文化类课程。

2. 吸引村民服务于乡村研学旅行的开展

乡村研学旅行的特点之一是乡村人文的魅力，因此要吸引村民服务于乡村研学旅行。研学课程中的农耕文化、民俗文化、乡村传统技艺，有村民的参与才能更真实。对于这些内容，村民来当"老师"能更好激发学生的学习兴趣和热情。镇、村两级可以召开村民大会，宣传、解释乡村研学旅行，让村民理解和感受研学旅行给他们带来的益处，吸引他们的参与及加入。应加大对当地村民的教育培训，增强他们保护当地生态环境与民风民俗的意识，激发村民展示当地特色的地方民俗的主动性。

四、扩大乡村研学旅行主体定位，加大宣传

目前研学旅行的市场主体大多是以中小学生为主，并且是以学校或班级为组织，这是传统研学旅行的定义。大学生是我国新兴的庞大旅游群体，是万亿旅游市场的生力军，大学生有参加研学旅行的意愿，现已形成了非常大的市场。年轻父母注重对孩子的亲身陪伴与教育，"亲子＋研学"旅游成为越来越多家庭的出游新选择，亲子研学旅行市场潜力非常大。老年人在退休后，也愿意开展相关文化探究和学习，而且时间更加灵活自由。因此，乡村研学旅行的市场主体还应扩展到大学生、家庭、老年人等群体。乡村研学旅行基地可以充分利用网络资源，合理宣传，如利用智慧旅游、云旅游等媒介手段加强营销，吸引研学受众。

第八章

乡村数字农文旅轻资产运营

　　数字乡村是乡村振兴的战略方向，也是建设数字中国的重要内容。"十四五"时期是乘势而上、开启全面建设社会主义现代化国家新征程、向第二个百年奋斗目标进军的第一个五年，也是全面推进乡村振兴、建设数字中国的发力期。随着数字经济的发展，越来越多的乡村地区开始利用数字技术和互联网平台发展文旅产业，实现乡村振兴。随着《数字乡村发展战略纲要》的深入推进实施，我国数字乡村建设已初具规模，必须继续发挥数字技术的改革创新作用，推动乡村农文旅融合高质量发展。

　　乡村农文旅作为乡村振兴战略的重要组成部分，通过与数字化技术的结合，可以打造出更具吸引力和竞争力的乡村旅游产品。将乡村的田园景色、山区的自然风光、传统村落流传的故事传说、留下的建筑形态，通过数字技术还原，转化为群众喜闻乐见的文化旅游新场景。以沉浸式民宿体验、嵌入式旅游演艺为表现形态的乡村文化新业态，让乡村文化更加富有感染力和感召力。通过大数据深度分析游客画像、线路热点、购物喜好等，将乡村美景、美食、美品向目标市场精准投放宣传，扩大消费空间。利用媒体平台营销矩阵的特性，持续不断升级乡村服务，优化文创产品设计，改善游客出游住宿餐饮条件，推动乡村农文旅产业持续发展。

第一节　运营模式

一、乡村网红

乡村网红支起一台手机，把最平凡、真实、朴素的故事用镜头语言展示给万千观众，正是这种简单、质朴，编绘出了乡村生活的浪漫色彩。乡村网红可以从不同视角去展示乡村的美景、美食、文化、习俗和美好生活，谱写新时代新的农村故事，传播乡村魅力。新时代的乡村代言人——乡村网红的打造并非易事，不是复制粘贴几个李子柒、华农兄弟那么简单，必须要做出内容的差异化和独特化，结合当地的传统文化特色，最大程度地还原乡村的真实面貌。

2023年2月6日，文化和旅游部、农业农村部、国家乡村振兴局共同印发《"大地欢歌"全国乡村文化活动年工作方案》，以文化活动为主线，不断健全农村现代公共文化服务体系，创新实施文化惠民工程，传承弘扬中华优秀传统文化，丰富乡村公共文化服务供给。工作方案中有一项"乡村网红"培育计划，就是以农文旅为重点，发掘培育"乡村网红"优秀人才，以直播、短视频等融媒体传播方式，建立线上线下融合发展的文化产品供给体系。文化和旅游部全国公共文化发展中心以"培育乡村网红、助力乡村振兴"为主题，分别培育形成了"和美乡村推介官""乡村振兴红力量""乡约""村里有个宝"等子品牌，统筹发动全国文化馆（站），发掘、培育一批优秀"乡村网红"人才，让"乡村网红"成为乡村振兴的代言人、推介官、带货官、形象大使，让"网红"带红一份美食、一个景区、一条街、一座城，让基层群众得实惠。网红们一方面通过直播带货促进特色农产品销售和推广，带动农民群众增收致富；另一方面借助直播平台，展现当地的人文风貌，带动乡村旅游，为乡村发展注入不竭动力。

二、电商直播营销

直播带货是指通过一些互联网平台，使用直播技术进行近距离商品展示、咨询答复、导购的新型服务方式。方式上或由店铺自己开设直播间，或由职业主播集合进行推介。直播带货是电商与直播融合的产物，是主播、商家基于直播技术的营销行为。近年来，电商直播得到了飞速发展，实现了以电商为代表的经济结构模式创新。农村电商直播在其中扮演着重要角色，促进了农村产业结构升级，农民完成了创收从而脱贫致富，青年人也能实现就业创业，在辅助乡村振兴上充分发挥优势。作为电商的新模式，直播模式也发展迅猛，消费者能以非常直观的视角在网上购物和支付。商家通过在线视频交互形式来影响消费者的心理，丰富消费者的消费感受，在增加经济收益的同时，还能吸引到更多的乡村商家加入电商直播。农村电商可以利用多种多样的网络媒体平台开展互联网营销直播，培养出一批具有当地特色和个人特质的直播带货人，助力乡村振兴。乡村电商直播可以最大程度地复原生产制造情景，全方位展现当地的特色农产品和旅游产品，进而吸引消费者进入直播间下单。此类模式不仅可以丰富乡村电商直播的经营模式，还能够进一步助推农村产业发展。

三、社交媒体营销

在社交化趋势越来越明显的"互联网＋"时代，微博、抖音等社交媒体成为人们获取资讯的重要方式，对人们生活和价值观念的影响逐渐深化。随着社交媒体营销在乡村旅游领域的盛行，农旅体验分享和营销活动成为扩大乡村旅游影响力和吸引力的重要营销手段，越来越多乡村利用社交媒体进行目的地营销。社交媒体营销中通过多种形式的表现手段和营销模式，高度还原乡村旅游真实情景，提升消费者的乡村旅游意愿。乡村通过在社交媒体营销平台发布短视频、进行乡村现场直播等形式高度还原乡村旅游的地理环境和人文景观。社交媒体营销所营造的乡村旅游环境越贴近乡村生活，越能增强消费者对乡村旅游的接受意愿。相较于陌生的乡村旅游环境，社交媒体营销通过短视频和直播等营销形式提供了更加丰富的视觉线索，唤起消费者对乡村旅游的触觉记忆，使消费者产生身临其境的感觉，降低了乡村旅游的陌生感和不确定性，进而提升消费者的乡村旅游意愿。

四、智慧旅游平台

在数据共享和整合方面，数字技术可以帮助农旅企业与当地政府共享和整合数据，包括旅游需求、资源分布、游客消费等方面的数据，以便更好地规划旅游产品和服务，同时也有利于提升游客体验和满意度。在信息传递和沟通方面，可以加强旅游企业和当地政府之间的沟通和信息交流，包括使用在线平台、社交媒体、移动应用等工具，有助于解决信息不对称和合作难题，促进资源共享和互惠互利。在电子商务和在线预订方面，数字技术可以推动乡村旅游企业实现电子商务和在线预订，包括网络营销、在线支付、预订管理等方面的服务，有助于提高销售效率和运营效益，同时方便了游客的选择和预订。此外，数字技术还可以提供智能化管理和服务，包括大数据分析、智能导游、语音识别等，有助于提升生产效率和服务质量，同时提升游客体验和满意度。

第二节　实战成功案例解析

一、杭州市临安区白牛村　在"云上"逐梦"共富"

据报道，杭州临安白牛村是全国首批淘宝村（图8-1），是农村电商发展的样板村。早年间，白牛村通过大力开展山核桃等农特产品的在线销售，在电商时代抓住了发展机遇、实现了经济的快速发展。

图 8-1 中国淘宝村——白牛村

2007 年，依托周边地区丰富的农特产品资源，白牛村抓住城乡融合发展、电子商务普及的重大机遇，大力培育农村电子商务。白牛村依据自身特色制订了电商产业布局和发展规划，引导传统的家庭小作坊从粗放式发展模式向种植、加工、销售、运营等明晰的分工体系升级，打破家族链条，壮大产业规模。建设打造集创业、孵化、培训、农旅于一体的电商产业特色小镇，强集聚，做大白牛村电商规模。白牛村"市场倒逼、政府推动、大众创业"的电商发展模式，有力地带动了农民增收、农业增效和农村发展。通过农村电商项目，青壮年就地创业机会增多，返乡人数逐渐增多，实现了人才振兴。从 2007 年初尝电商，到如今"电商＋文旅"多个赛道齐头并进，电商发展让原本"云深不知处"的农产品走出大山，也让白牛村逐渐走上"产业在山上、生活在村庄、致富在网上、治理在云上"的共富之路。

具体举措

1. 引入乡村运营团队

在星玥文旅入驻白牛村前，村庄老龄化、空心化现象较为严重，文旅业态较为缺乏。2022 年 12 月，星玥文旅与白牛村村委会签约后，正式开始整村市场化运营。运营团队的第一步工作便是摸清家底，深入挖掘白牛村的文化特色和资源禀赋。基于白牛村的历史民俗文化，运营团队大力发展以牛文化为特色的文旅业态。一方面，运营团队结合运营商自身资源，打造牛文化博物馆。该馆不仅搜集了丰富的牛文化藏品和民俗艺术品，还展示了白牛村的历史文化、风土人情与发展历程。这一具有公益性的文化空间不仅为村庄增添了文化氛围，也提高了村民对地方文化的认同和自信；另一方面，开发了以牛文化为特色的餐饮业态，如投资牛肉馆、打造白牛家宴品牌等。此外，运营团队还帮扶当地村民开办民宿、策划文旅节庆活动、规划电商研学产品等，不断完善村庄文旅产品体系，提升白牛村的知名度和影响力。

2. "淘宝第一村"的转型路

临安是中国山核桃产地之一，早在 2007 年，白牛村几户农户便率先搭上互联网发展的东风，开始尝试在网上销售山核桃。此后，越来越多的农户加入进来，白牛村逐渐成为以加工和销售山核桃而闻名的电商村。

临安区农业农村局以美丽乡村为载体，优环境、抓宣传、培育示范户、建立电商协会，指导成立了白牛村首个集展示、体验与服务于一体的村级电商服务中心，推动农户农产品的销售；以政府购买服务的方式，让电商经营户免费获得培训和服务等。

2014 年 10 月，白牛电子商务协会正式成立，协会将村里原本松散的电商组织起来，举办业务培训，组织大家一起学习，交流经验。有数据显示，2014 年白牛村电商销售额达到 1.5 亿元，2016 年达到 3.5 亿元。随着电商产业的不断做强，物流、包装、生产加工等产业也在村里悄然兴起。

2019 年，直播电商迎来爆发期，行业的迅猛发展让传统电商从业者感受到压力。

2020 年，白牛村建成了白牛电商大楼，为青年创客、电商户们打造了多个共享直播间，并定期开设直播培训班，进行主播培训孵化、资源对接。白牛电商大楼除了是电商们开启直播转型的新阵地，也是"临安山核桃产业大脑"的所在地。白牛村逐渐建立起"村民主体、市场主导、政府支持"的"农村淘宝"白牛模式，切实解决农户销售农产品缺市场、成本高、渠道少等问题，初步形成了"网店自主经营、公共服务配套"的集聚化、有序化农村电商发展格局，有了这个新的"阵地"，电商直播带货也将常态化。

3. 引入村落景区运营商

以数字为引擎，基于电商产业优势，白牛村打造了白牛电商小镇村落景区，着力推动产业从电商化向数字化转型升级。根据白牛村的实际情况，运用大数据、云计算、人工智能等前沿科技开发了"云上白牛数智乡村小脑"，以党建为引领，通过提供"五个一"数字乡村创新建设模式来感知全局、掌控全域和服务全民，从而全面提升白牛几大维度的数字化水平，以真正实现乡村高质量发展和共同富裕。

此外，秉承"数字赋能、三产融合、以销促牌、以消定产"的理念，对临安山核桃产业进行数字化升级，并依托 5G 数字农场建设，配套开发了"云上白牛"田园游客服务程序，通过游学、采摘、认养等多种形式，将线上流量转化为线下销量，使以山核桃为代表的坚果产业的规模经营走出了新路子。

白牛电商小镇将围绕数字旅游、数字村民、数字资产、乡村治理几个维度的数字化建设，助力白牛数字乡村发展，实现白牛村"产业在山上、生活在村庄、致富在网上、治理在云上"的未来乡村示范样板。

二、广西壮族自治区灵山 "农文旅＋数字化"助力乡村振兴

据报道，灵山县是著名的"中国荔枝之乡"，2012年，灵山荔枝被列入国家地理标志产品。灵山县荔枝种植面积 27 566.7 公顷，产量 16.77 万吨，超过 16 666 公顷荔枝通过绿色食品认证。灵山致力于传统荔枝产业改造升级，研发荔枝深加工产品，拓展荔枝产业链，已形成一、二、三产业高度融合，农文旅一体化发展的产业体系集群，整个产业链年总产值超 17 亿元，规模位居广西第一。

针对农业特色产业，灵山重点围绕荔枝、柑橘等名特优农产品，推进物联网、大数据、云计算、移动互联、区块链等信息技术在农业生产、经营、管理、服务领域的渗透和应用，通过数字化手段打造集品种培育、种植、加工、仓储物流、销售等于一体的全产业链，探索发展数字田园、智能养殖场等，全面助力农村各行业发展，推动农业大县转变为数字化农业强县。

以荔枝产业为主要抓手，灵山在农业全产业链数字化转型方面进行一系列探索，建立农业自然资源、种质资源、经营主体等基础数据库，加快 3S 技术、传感器、物联网、智能管理平台等的普及。用数字化打通产供销全链路，打造供应链价值高地，使数字化应用呈现出从消费端"餐桌"走向生产端"土地"的整体场景，实现荔枝产业提质增效和果农增收共富。

扎实推进数字乡村建设，以荔枝产业为抓手，依托品牌资源，用数字化打通"产供销"全链路，以五园（百年桂味园、百年香荔园、千亩荔枝标准园、百亩荔枝博览园、荔枝良种良法展示园）一区（荔枝加工物流区）一馆（荔枝文化展示馆）一廊（荔枝科普文

化长廊）为布局，通过传统荔枝果园的数字化、智慧化转变，带动42万亩荔枝提档增效，致力于把示范区打造成集荔枝文化挖掘与展示、技术交流与合作、果园休闲与观光于一体的现代特色农业示范区。

　　在数字化的世界里，新奇的体验开阔了村民的眼界，一批优质龙头企业投资入驻，带动大批年轻村民融入乡村电商、抖音直播、乡村休闲旅游的创业大军，搭上了致富快车（图8-2）。

图8-2　灵山县荔枝电商基地

具体举措

1. 智慧农文旅，带动村民就业致富

　　灵山县以电子商务为抓手，打造从田地到消费者的数字化农产品供应链，走出"电商兴农"的新路子，把绿色农产品销售到国内外，助推绿色农业增效、农民增收。

　　从生产环节数字化来看，在灵山与阿里合作建设的"未来果园"里，基于 AIoT 设备，以及物联网、气象、水肥一体化等设备在荔枝种苗基地的数据化应用，将"地块—作物—环境—人"连接起来，形成生产全流程的数据档案，建立有效的知识模型来分析产量情况，优化种植决策方案，帮助果园实现标准化生产管理。

就流通环节数字化而言，灵山整合当地供配中心与供销社田头仓资源，建立菜鸟智能产地仓，为当地农特产品提供集货、检测、分选、分级、加工、冷藏、配送和信息平台等多种服务。

销售环节数字化方面，灵山县突破传统销售模式，积极运用直播电商渠道，打造一系列线上直播促销活动，积极提高灵山荔枝关注度。通过系列品牌活动，如荔枝季发布会、话题打造、千年古树荔枝 IP 打造、淘宝直播矩阵、视频宣传片等，突出荔枝原产地品牌优势，借助天猫、淘宝等电商平台进行线上宣传和促销活动，携手直播明星、主播等为灵山桂味荔枝宣传推广。

此外，为了推动产业的发展，广西三科农业科技有限公司作为优秀企业代表，建立了农业智能产地仓，实现了"政府＋企业＋数字平台＋驻村第一书记＋农户＋电商企业"的运营模式，缩短农产品流通环节和供应链条，为灵山荔枝等农产品上行提供了支持。

2. 服务一体化，构建魅力灵山新文旅

数字乡村是乡村振兴的战略方向，也是建设数字中国的重要内容。灵山县通过搭建"一键游灵山"旅游服务平台，将乡村内外的各资源要素整合起来，不断创新乡村旅游业态，把企业、村民、游客统筹纳入一体化的管理体系，村民以不同形式积极主动融入乡村文旅产品的创作、生产、传播，真正将与农民息息相关的乡村生产、生活融入现代乡村文旅产品中，达到"一荣俱荣、一兴俱兴"的局面，全面推动乡村振兴。

三、为村共富乡村　粤桂数字农文旅计划

据报道，"为村共富乡村—粤桂数字农文旅计划"是依托广西农文旅新业态产业发展得天独厚的根基优势和机遇，以"政府主导、农民主体、腾讯助力、社会共创"为指导原则，扶持集体经济，激发村民内生动力的一项创新性工作。

2023 年 5 月，广西壮族自治区乡村振兴局、深圳市乡村振兴和协作交流局、粤桂协作工作队、腾讯公司，共同启动 2023 年度"为村共富乡村—粤桂数字农文旅计划"，在广西 33 个粤桂协作县中遴选首批 19 个"为村共富乡村"试点县、21 个具备农文旅基础的示范村，大新县堪圩乡明仕村是其中 1 个示范村。

大新县堪圩乡明仕村位于中越边境地区，山清水秀、风光旖旎、气候宜人，素有"小桂林"之称。但长期以来，村民守着青山绿水却苦于无从发展。党的十八大以来，特别是脱贫攻坚战打响后，明仕村通过"旅游＋扶贫"模式，借助明仕田园风光景区的带动和辐射，充分发挥文化旅游业在地区扶贫开发中的特殊优势，坚持"村企自愿、因地制宜、合作共赢"的原则，全力推进旅游扶贫工作，探索出了旅游发展、公司获益、农民脱贫的好路子，旅游富民效应突显。

具体举措

1. 培育乡村 CEO，为村集体培养一支可以常态化运营的团队

在全村物色了 8 名工作责任心强、创新意识强、带头致富能力强的乡村 CEO，参加腾讯公司举办的乡村经营人才专项培训线上教学线下实训，参加乡村经营产品搭建、乡村数字化产品运营、乡村经营服务提升等主题课程培训，通过课程学习、基地实训、在岗锻炼等环节，提升线下场景搭建、线上运营、接待及服务等技能，

提升在经营实操层面所需的产品策划、内容生产、场景营造、产品营销、服务管理等诸多能力，谋求做到村集体"培养自己的人才、组建自己的团队、做自己的产品、自主运营"，确保村集体掌握收益的主导权，提升村集体内生动力。

2. 打造明仕村 IP，实现文化赋能乡村运营

依托明仕村独有的"中越边境山水画廊"，在全村植入明仕的文化元素做村内整体场景轻改造，通过建设村庄 IP 打卡装置、展陈将整体村落场景打造为主题打卡场景，开发相关文创产品、IP主题集章册、文化手作课程、土特产包装等。全力打造明仕骑行游业态品牌，吸引德天瀑布景区游客前来；同时通过增加骑行驿站来进行风物土产二销，培训村内工作人员进行空间运营以及课程运营，帮助村集体设计、组织主题集市，在周末及节假日定时举办活动，进行村庄风物土产、文创产品、美食小吃等售卖，实现游客消费，增加集体群众收入。

3. 搭建"村庄数字化经营四件套"，实现数字赋能乡村运营

搭建公众号、视频号、云服务小程序和企业微信"村庄数字化经营四件套"，创建名仕村自有的农文旅数字化运营平台。开通微信公众号、视频号，向外展示村庄生产生活的风采，扩大知名度，吸引流量。

第三节 发展启示

一、打造"产学研"一体机制，培育数字乡村"新农人"

随着信息化、互联网技术的快速发展，数字乡村已成为我国乡村经济发展的主要趋势，如何有效提升农民数字素养和数字技能，

使之真正地成为农民生产"新农资"、农村生活"新农具"？首先，政府应加强引导，在财政上大力支持和投入，合理利用乡镇村培训中心、文化中心等公共场所，开展数字技术技能培训、网络直播等，建设多层次乡村数字人才供给体系，打造"产学研"一体化培养机制，培养一批理论与实践相结合的"新农人"。其次，加大在农业专业合作社和家庭农场网络提速降费、平台资源、营销渠道、金融信贷、人才培训等方面的政策扶持，为农民提供在线培训和信息咨询服务平台，真正造就一支爱农业、懂技术、善经营的新型职业农民队伍。最后，利用高校资源，如与广东海洋大学合作，把学校的科研成果转化到田间地头，并通过该平台培育一批有文化、懂技术、善经营、会管理的农业经理人队伍。

二、完善数字基础设施建设，打造数字农文旅体系

首先，要继续加强乡村数字基础设施建设，为数字农文旅产业的发展提供网络支持。乡村地区的网络信号往往不够稳定，在高峰期经常会出现网络拥堵的问题，所以技术人员要对网络的核心技术进行研发。对于偏远地区和交通不便的地区，可以在乡村周围安装信号加强器等设备，让乡村的网络更加畅通。同时，还要将人工智能技术、无人机技术、虚拟技术等应用到乡村数字农文旅的发展中，实现数字基础设施的多元化。

其次，要打造数字农文旅平台，并利用数字技术、GPS定位技术绘制乡村的数字地图，为游客提供更加便利的导航服务。数字农文旅平台的功能主要包括乡村区域分布介绍、人工智能服务、文化旅游讲解、预订购票等。其可以保证游客在旅游过程中获得优质的服务。其中，数字地图中的信息十分丰富，包括各文旅景点的介绍、地理环境信息、配套食宿设施以及景点的开放时间等。

最后，要保证数字农文旅和乡村振兴融合发展，对数字农文旅的相关产业进行扶持，使每个企业都能加入乡村振兴中；还要建立

产业融合的风险预测系统，对产业的风险进行预测，降低产业发展的风险。

三、注重数字农文旅的社会效益和经济效益

城市化进程的加快导致大部分农村青壮年流向城市，乡村地区的壮劳力减少，乡村文化的发展面临无人可用的困境，一些具有乡村地域特色的非物质文化遗产、风俗等逐渐消失。长此以往，乡村地区的文化资源就会彻底消失在人们的视野中。

数字农文旅的出现为乡村文化的传承和发展提供了新路径。通过将乡村文化进行数字化处理，文化资源得以传播给更多人，并以数字化的形式保存下来，为人们保护和传承乡村地区的文化资源争取了宝贵的时间。例如，一些乡村利用信息技术将乡村地区的特色文化、传统建筑、文物古迹、自然景观等文旅资源进行数字化处理，以视频、图片的形式上传到网络上，让远在千里之外的人们可以通过互联网了解当地的特色文化和旅游资源。在网络直播带货盛行的当下，乡村地区可以通过电子商务平台销售当地的数字文旅产品和特色农产品，为当地创造更多的经济价值。在直播带货的过程中，主播可以向消费者介绍当地的数字农文旅产品、特色文化、传统建筑等，让消费者在观看直播时既学到了知识，也购买到了所需的商品。

四、整合数字农文旅资源，打造多元化的数字农文旅产品

数字农文旅资源包括金融资源、特色文化资源、信息技术资源等，数字农文旅企业要将这些资源进行整合，打造多元的数字农文旅产品。在金融资源方面，农文旅企业要积极申请当地政府的资金支持，为农文旅资源的挖掘提供资金保障。为了使数字农文旅产品更具吸引力，数字农文旅企业在开发相关项目前要利用大数据技术对游客的喜好进行分析，了解游客对数字农文旅产品的实际需求；

在数字农文旅产品开发完成后，还要制订有针对性的营销方案，并利用互联网平台向用户进行定向推送。乡村数字农文旅企业还可以开发相关衍生产品，如线上感知游戏、虚拟体验游戏、线上博物馆等，让游客不用亲自到乡村，就能对乡村的情况有一个大致的了解。此外，还要利用信息技术为游客提供定制服务。例如，可以为游客提供行程规划和景点讲解等服务，游客只需登录手机客户端就能享受多元化的线上服务，更好地游览乡村。要想开发新的数字农文旅项目，就要不断挖掘乡村地区的特色文化资源，同时在乡村地区营造浓厚的传统文化氛围。这样一来，游客一进入乡村就会被这里的文化氛围所吸引，进而产生更多的消费，为当地带来更多的经济效益，助力乡村振兴。

五、加快建设服务型政府，变偶发性"流量"为常态化"留量"

促进乡村农文旅产业发展是一个综合性、系统性的工作，需要政府转变职能，从传统的管理和监管职能向服务和引导职能转变。

具体来说，当地政府可从以下几个方面着手：第一，营造良好的政策环境，应该加强对乡村农文旅产业的政策支持和引导，制定促进乡村农文旅产业发展的政策和规划，从而打造有利于乡村农文旅产业发展的政策环境。第二，提供优质公共服务，加大对乡村农文旅产业发展的投入，提升公共服务品质，如对基础设施建设、文化传承、人才培养等方面的支持，提高乡村农文旅产业的整体素质。第三，加强宣传推广，通过多种渠道加强乡村农文旅产业的宣传，提高乡村农文旅产业知名度和影响力，增加游客的兴趣和吸引力。第四，支持创新创业。政府可以加强对乡村农文旅产业创新创业的支持，鼓励和引导企业和个人创新创业，推动乡村农文旅产业转型升级。第五，建立联合治理机制。政府可以建立乡村农文旅产业联合治理机制，促进政府、企业、社会组织和居民等各方面的合作与共赢，推动乡村农文旅产业健康发展。

第九章

乡村特色美食轻资产运营

乡村特色美食是当地一张独特的旅游名片。美食旅游可以打造地方品牌、提升旅游地吸引力、带动多行业发展，是乡村发展的有效带动元素。乡村美食的特点是在地性，在发展过程中还需要考虑美食环境，打造乡村美食的情感，增强美食旅游的创新性、体验性，甚至融入文化元素，强化美食的吸引力。打造一系列依托当地特色美食资源的旅游项目，如农家原生态美食品尝、生态果园采摘游、饮食民俗风情体验等，可以让游客对当地乡村自然风光和人文历史有更深入的了解，从而提升当地乡村旅游的吸引力。品尝乡村特色美食是旅游活动的重要组成部分。游客在享用乡村特色美食过程中，可以近距离感受乡村特色美食所承载的文化，体验异域风土人情，从而对当地的乡村文化有进一步的了解和认识。

第一节　运营模式

随着乡村振兴战略的深入实施，在乡村旅游发展的良好势头下，乡村餐饮也迎来了历史性发展机遇期。一些地方特色、乡土美食受到越来越多旅游者的青睐，甚至成为某些地区乡村旅游核心产品。正如阳澄湖大闸蟹、常州溧阳砂锅大鱼头、淮安盱眙小龙虾等这些颇具地方特色的美食，正在成为消费者前往乡村旅游的最大驱动力。

一、精选乡村优质食材

乡村特色餐饮是指带有地方特色，并兼具色、香、味、形的美味佳肴。食品安全、菜品干净是基础。游客到乡村休闲度假，品特色美食，因此必须从食材源头进行保障，要充分体现食材的原真性、在地性、绿色生态，通过烹饪形成独一无二的乡村味道。

二、创意设计餐具菜单

中国传统的饮食讲究色香味形器俱全。菜品盛装很重要·袁枚说：美食不如美器。精致的餐具美器更是美食之外的另类享受。美食佳肴必须要有精致的餐具烘托，才能达到完美的效果。器皿要与乡村美食之间和谐，器皿与菜式之间在色彩搭配、花纹图案、形态空间方面要和谐。许多原料本身就是器具，做菠萝系列菜品用菠萝做餐具，椰子系列菜品用椰子做餐具；竹筒系列的菜品用竹具做餐具，农家菜选用藤篮、竹席为盛器，陶盘、木桶、铁锅也都当器皿上桌，体现出原始淳朴的农家感觉。竹笼小吃、金橘牛蛙，竹编盛小吃、陶坛装老酒，给人营造了一种浓浓的乡情。菜单菜谱应体现乡土文化气息和乡村文化特色，菜名雅致，有文化趣味。

三、不断创新美食菜品

挖掘地方菜系，如特色鸡、小鱼锅贴、豆腐宴等；推出特色主食，如红薯饭、糯米饭、竹筒饭、养生粥等；推出时令小吃、节令例汤，如粽子，以及夏季降火与冬季驱寒饮品。不断创新菜品，中西结合，增加体验环节，保持美食的新鲜感和趣味性。

四、营造乡村特色就餐环境

就餐环境作为乡村餐饮的重要表现形式，对特色餐饮的开发有着重要影响。它是拉近人与自然的距离，让游客在身心放松的条件下，充分享用美食的关键。近年来，具有乡土气息、田园风光等乡村特色的餐饮主题餐厅不断兴起。这种融入乡村特色建筑、人文环境或地域环境的用餐环境，受到游客们的普遍好评。为游客提供乡村美食的同时，独辟一块场地供游客种植或者展示餐饮食材出处、生长过程，不仅能突出食材特色，还能带动提升游客们二度重游率、复购率等。

五、传播乡村饮食文化

每个乡村的美食都有当地特色，是当地独有的食品，在别处吃不到。比如，食物带到外地就不再新鲜，口感也会有缺失。因此，乡村美食最突出特点就是在地性。倡导吃在当季，吃在当地，即推荐当季当地新鲜食物；采用健康的烹饪方式，保持食物本味。传播乡村饮食文化，不仅仅是品尝美食，更是一种完整的生活体验和精神享受。文化与美食的结合，能够丰富乡村美食旅游的内涵，提高旅游活动的参与性，增加消费深度。

六、打造乡村美食带

乡村美食旅游应该形成规模效应，以美食街的形态存在。用这条美食线路，将分散的自然景点、人文景观、特色农场、休闲设施以及餐饮企业连接起来，集合乡镇优势资源，形成美食旅游带，合力拉动乡村旅游的发展。

七、策划网红美食活动

借势"打卡热"，一方面，邀请当红主播直播乡村美食的原材料、奇特烹饪方式、特色吃法等，借助知名网红的流量输出乡村中的美食文化，扩大影响力。另一方面，塑造网红美食，抓住人们的猎奇心理，充分结合食物的特点、包装等有吸引力的部分，如火爆抖音的摔碗酒、毛笔酥、爆浆蛋糕等，放大亮点，拍摄小视频等上传抖音、微博、微信等社交媒体，引动流量。

第二节　实战成功案例解析

一、陕西袁家村　乡村振兴样板村

据报道，袁家村地处陕西关中渭北，全村 62 户，286 口人，距离西安机场 35 千米，过境公路有福银高速、关中环线（图 9-1）。2007 年以来，袁家村以乡村旅游为突破口，打造农民创业平台，解决产业发展和农民增收问题；以股份合作为切入点，创办农民合作社，解决收入分配和共同富裕问题。目前，该村吸引 800 多名创客，吸纳就业 3 000 多人，带动周边万余农民增收，实现年游客接待量 600 万人次以上，旅游收入超过 10 亿元，村民人均纯收入 10 万元以上。

从 20 世纪 70 年代起，袁家村先后经历了造田治穷、工业致富、旅游强村三次变革转型。特别是 2007 年以来，袁家村发挥历史上形成的积淀特色和独特优势，以关中民俗文化为底色打造乡村旅游综合体，在推进农旅融合、产旅融合、文旅融合、治旅融合等方面积极探索，提供了一份新时代乡村振兴"袁家村解决方案"。通过旅游吸引游客来，通过诚信做品牌，以食品安全为突破口，销售当地农副产品，带动农副产品的加工，加工产量会倒逼一产的种养殖业，最后形成一、二、三产融合发展。

图 9 - 1　袁家村

具体举措

1. 发展乡村旅游，留住乡愁

城市化进程加快，农村成为许多城市居民的回忆。袁家村以关中民俗和农村生活为核心内容，以关中传统老建筑、老作坊、老物件等物质文化和非物质文化遗产所代表的关中民俗文化为内涵，以乡村生活、农家乐、关中小吃和当地农民参与经营为特征，建设关中印象体验式旅游景区。

2011 年，袁家村围绕"关中印象"的定位，建设了两条具有关中特色的仿旧小街，一条是特色农家乐一条街，能够满足旅客食宿娱方面的需求；另一条是关中小吃文化一条街，包括以老式作坊为主的前段和以各色名吃为主的后段，中间段建设游客集中区域，又可以供旅客休息娱乐。与小吃文化街并行的，是一条以明清建筑风格为主的酒吧街，为迎合现代旅游者的喜好，酒吧室内设计采用现代化风格。在袁家村可以看到农家庭院、民宿客栈、大剧院、敬天楼、秦琼祠、烟霞草堂、惟德书屋、关中戏楼等鳞次栉比，行走在康庄老街、小吃街、作坊街、祠堂街、书院街、酒吧咖啡街，许多人找到了故乡的感觉。

2. 发展创意文化，打造美丽乡村

袁家村以民俗文化和创意文化为核心，建设了文创艺术区、回民街、观光商铺；开发富有个性化的商业形式，如艺术画廊、书店、咖啡馆以及高端旅游文化产品；建设了休闲农业观光体验园、咖啡厅、艺术工作室、展览馆等，进一步满足了城市居民的休闲文化。祠堂街里有打铁、剪纸、竹编、泥人等民俗类手工艺品以及百年老字号的传统手工作坊，宝贵的地域民俗文化得到了保护和传承。祠堂东街充满了浪漫和文艺的气息，有许多网红小店坐落于此。走进书院街口外观古朴的"莫催"茶饮店，室内却是时尚明亮的现代风格，茶饮店推出一系列的新式茶饮和咖啡，满足了年轻游客的需求。

袁家村打造乡村度假小镇，形成完善的基础设施和服务功能，汇聚各类人才，发展第三产业。创意工作室和文创青年、时尚达人参与投资和管理。在袁家村，人们既能享受时尚生活，又能感受现代气息和乡愁民俗，是适合居住的特色小镇和美丽乡村。

3. 转型升级，进城出省

袁家村完成乡村旅游向乡村度假转变后，面临着一直被模仿，从未被超越的压力。袁家村的进城出省又是一个重大的创举。通过"基地＋农民合作社＋管理"的方式，"袁家村模式"开始推向城市、走向全国。

2015 年 8 月 8 日，西安曲江银泰袁家村城市体验店开业，生意兴隆。随后，该村在西安市陆续开设了 15 家袁家村城市体验店。

西安赛格体验店曾经一天创造营业额 20 万元以上。宝鸡市、咸阳市袁家村城市体验店也已开业。在袁家村城市体验店，不仅有袁家村小吃，还有农产品自选区。把绿色农产品推向城市，这才是"袁家村模式"发展的本质要求。

2016 年，袁家村"出省战略"全面铺开，输出袁家村品牌和商业模式。目前陆续开业的有青海省"河湟印象·袁家村"、山西省"忻州古城·袁家村"、新乡市"同盟古镇·袁家村"。合作意向项目分布在浙江、江苏、湖北、河北和北京等省市。

袁家村将其品牌推向其他省，依靠大都会风景区创造区域民俗文化体验风景区，袁家村变成了一个"民俗"概念。立足乡村、推向城市、走向全国的袁家村品牌布局，将对全国各地的乡村旅游、田园综合体价值取向产生积极影响。

二、昌平区十三陵镇仙人洞村 "北京素食第一村"

据报道，昌平区十三陵镇仙人洞村是全国乡村旅游重点村，这里地理位置独特，三面环山，东倚十三陵水库，西邻神路旅游景点，北靠水库环湖路，南与昌平城区遥相呼应，因村北蒋山天然溶洞——"神仙洞"而得名，是集乡村旅游、生态素食、共享民宿、会议拓展等于一体的综合型文化乡村。2019 年该村获得第九批全国"一村一品"示范村、第二批全国乡村旅游重点村等荣誉，2020年获得全国乡村治理示范村荣誉，2021 年被中共北京市委授予"北京市优秀基层党组织"光荣称号。

仙人洞村成村于明代，历史悠久，明"燕平八景"之一"石洞仙踪"即为此处，明郑亲王石桥、"古井坊"等古迹保存完好。村集体通过挖掘本地文化内涵，因地制宜打造"仙人花巷"工程，绘制总面积约 550 平方米的"孝悌"文化墙，宣扬中华民族传统文化，建"首都楹联文化第一村"，涵养仙人洞村浓厚文化底蕴。

近年来，仙人洞村发展"素食文化"（图9-2）和"精品民宿"，打造特色乡村旅游品牌，为村民带来了经济增收；在推出独具特色的民俗"素食文化"品牌的基础上，打造"庭栖慧舍"精品民宿；培育科技菊花苗、鲜果苗等种苗产业链，发展食用菊花和茶饮菊花，研发"菊花伴侣"新茶品和"问菊"系列文创产品，实现了本土村落旅游、民情互动体验、素食产品研发、民宿悠然共享、绿色环保倡导、社会公益参与的发展。

图9-2　仙人洞村素食

具体举措

1. "两大策略"奠定发展方向

（1）顶层设计，实现旅游业转型升级。仙人洞村按照"统一规划、体现特色、一户一方案、分步实施"的原则开展拆除重建，还原彝族撒尼民居，计划以"一心、两域、三产、四态"模式打造仙人洞村，通过近、中、远期三个阶段逐步实施规划内容，构建文态、形态、生态、业态四态合一。

（2）组织引领，共建美丽乡村。在村党支部的带领下，全村大刀阔斧地改造民居，共争取财政资金投入 1 470 余万元，申请银行贷款 7 000 余万元，发动群众自筹 4 000 余万元投入民居改造、村内道路、文化广场、水环境治理等建设，大家自觉"退房让路""退房让绿"，容积率和绿化率得到科学改善。

2. "三个聚焦"推进文旅融合

（1）聚焦旅游基础设施建设。仙人洞村先后投入资金 1.5 亿元，不断完善旅游基础服务设施，2020 年，围绕 AAAAA 级景区创建，又实施了七零星村—布宜—排龙—仙人洞—停车场旅游外围环线建设，进一步提升了仙人洞交通可进入性，旅游公共服务能力得到极大改善。

（2）聚焦生态文明。村党支部始终坚持生态优先、绿色发展，带动村民大力推进村内人居环境、水环境综合治理，生态功能区水源头治理和沿湖临水污染源综合整治工程，净化了村内环境卫生，减轻了湖面水体污染，昔日的脏乱差变成现在的一步一景、一路风景。结合农村人居环境整治、"绿美文山先锋行"活动等，成立党员志愿服务队，定期开展清扫、巡逻等志愿服务，大力开展环境保护法律法规政策宣传教育，引导广大村民牢固树立"绿水青山就是金山银山"的发展理念。

3. 全平台线上宣传，助力产业发展

最初，仙人洞村通过聘请专业宣传团队撰写视频脚本、拍摄村内短视频的方式，吸引粉丝，后又逐步开启抖音直播的新带货模式，与抖音直播达人进行合作，推广仙人洞村旅游特色产业。与此同时，村旅游合作社也开始带领团队，培养自己的网络主播，每天固定时间直播。此外，早在 2016 年，仙人洞村就开通了自己的微

信公众号，以每月 4 次的固定更新频率，发布仙人洞村的素食文化、民宿信息，为游客进一步了解仙人洞村产品特色提供信息渠道；同时，每逢佳节，仙人洞村都会策划主题活动，在微信平台预热，吸引游客前来体验。

4. 线上销售推动乡村振兴

2018 年，为打通线上销售渠道，仙人洞村注册成立"庭栖慧舍素生活""庭栖慧舍乡居"微店，上架仙人洞村特色民宿、农产品。依托仙人洞村得天独厚的土壤优势和特色酵素种植方式，蔬果格外受欢迎。不仅如此，微店打通销售渠道后，还辐射周边村庄，帮助周围村庄卖蔬菜水果，达到电商助农的效果。

三、翎芳魔境　浙江省松阳艺堂居

据报道，"翎芳魔境"是具有国际化高度的当代生活美学赋能者，以在地美食的创新体验、美食的培训、乡村影视美学培训作为突破口，聚焦"三农"，助力中国乡村新农文旅国际化发展；旨在通过美食的创新与体验、优质影视美学内容的传播和生活美学培训，激活大众独立美学思维，赋予大众不同以往的美学生活新方式。

各地资源禀赋、区位特点不一而同，如何充分挖掘发挥自身独特优势，因地制宜发展特色文旅产业便成为破题之要。翎芳魔境发挥品牌优势，尊重村庄发展规律和个体差异，立足乡村特色和地方实际，进行全方位的美学基因检测，提炼出专属当地的特色，并在此基础上加以美学研发，用"农＋文＋旅＋网红美食"模式，打造个性化原创网红文旅项目，形成一条"从田园到餐桌"的产业链，并通过新媒体平台广泛传播宣传，为乡村振兴注入强劲动能（图 9-3）。

图 9-3　松阳艺堂居

具体举措

1. 发挥品牌优势，以美学赋能，保留乡村个性化灵魂，定制原创网红文旅项目

　　项目用活了浙江省松阳县平田村的本土资源，以独特的乡村老屋景观和浪漫西餐，赋予当地农产品以高客单价，吸引了来自全国各地的高端客户群体，促进乡村经济发展。同时，项目发挥辐射带动作用，促使周边农家乐、民宿产业不断提升自身服务水平，形成良性循环，扎扎实实做大村集体经济，带动村民共享发展成果。

2. 用针灸式轻量化的品牌落地模式，为乡村打造还利于民的自供血产业

在定制原创网红文旅项目的基础上，翎芳魔境把握城乡居民的多元消费需求和地方政府的困扰，创立"前店后厂"模式，以轻资产落地乡村，为当地提供人才培训、就业岗位及营收分红，通过"品质＋品牌＋营销"的叠加效应提升农产品附加值，帮助乡村研发中高端文创产品，以集研发生产、观光体验、加工制作、产品销售于一体的模式助推乡村三产融合发展，用特色小文创撬动乡村文旅经济大兴旺，为当地建立易上手、可持续的自供血闭环。

3. 用"以人为本"的运营理念提升乡村文化生态，促进城乡融合

乡村文旅不能只注重经济效益，也要注重人文关怀。除了为当地做好项目、贡献经济价值，乡村振兴的落脚点更在于为城乡搭建好一座通向美好生活的双向桥梁，一切都离不开"人"的改变。这不仅是量化到数字层面的经济增长，更是城乡居民精神层面的升华。

从城市游客的角度出发，乡村文旅项目要充分考虑现代人远离喧嚣、亲近自然、寻味乡愁的心理需求，使乡村文化特质和风土气息变得更有人情味和记忆点，在提供高水准服务的同时设计多样化体验，吸引游客前来打卡。

从当地村民的角度出发，乡村文旅项目不仅要给予他们一份收入体面又有成就感的工作，更要发起一场"精神改造行动"，使他们拥有自尊、自爱、自我认同的生活态度，对家乡充满自豪，对未来更有热情和信心。通过原创网红文旅项目和文创产业链，中老年村民可以在翎芳魔境提供的就业岗位上获得劳动价值感和生活幸福感，度过积极充实的晚年生活。

第三节　发展启示

乡村美食的特色是"乡村"，即地域特色是乡村特色美食产业的核心和当地特色美食竞争力的主要表现。因此，立足已有的资源，因地制宜、充分合理地开发各地的特色美食资源，生产出具有当地原始风味的特色美食，成为发展乡村特色美食产业的重要环节。

一、保留传统乡村风格特色

一是保留乡村地区的传统建筑风格。建筑风格与当地的自然生态环境、居住习惯、人文历史等息息相关，是传承与发展传统文化的重要载体之一。保留乡村地区独有的传统建筑风格，打造当地原生态的用餐环境，可以提升消费者的用餐体验。在乡村特色美食产业开发过程中，美食街、特色小镇、民俗村、农家乐等建筑物的建筑风格应与当地的传统建筑风格相协调，应尽可能地保留具有当地特色的传统乡村生活场景，体现原生态的风土人情。二是保留乡村特色美食的传统风味。传统风味是特色美食的核心，是特色美食经久不衰的重要保证。失去传统风味的支撑，特色美食就失去其原本的生命力和吸引力。所以，乡村特色美食传统风味的保持与乡村特色美食产业做大做强息息相关。

二、开展美食旅游体验活动

美食旅游体验活动指游客与美食生产、销售等互动，体验美食生产、制作过程，感受美食背后地域文化的活动。游客深入田间地头、休闲山庄、果园、养殖场等，与乡村民众接触交流，体验乡村生活，亲自制作美食，有助于推动当地旅游业和乡村特色美食产业的发展。开展美食旅游体验活动，可以让游客体验当地的传统生活方式，品味当地的特色美食，感受美食承载的独特人文魅力，对满足游客的多样化消费需求，促进特色美食与乡村旅游的深度融合，提高美食的吸引力和知名度，提升美食旅游项目的市场竞争力等具有重要的作用。

三、增强特色美食产品宣传力度

宣传是提升品牌知名度、扩大产品销量的重要手段。加大乡村特色美食的宣传力度，努力吸引广大消费者的目光，对扩大乡村特色美食产品销售，做大做强乡村特色美食产业有积极的作用。提高乡村特色美食产品知名度的方法和途径多种多样。例如，对乡村特色美食产品进行精心地策划包装；利用微信、微博、抖音、快手等社交媒体平台，发布关于特色美食的视频或图文，加大特色美食的影响力，拓宽特色美食的销售渠道；拍摄与当地乡村特色美食相关的纪录片、比赛节目、旅游宣传片等，并在节目中穿插乡村特色美食背后的历史典故、人物故事、传统食俗等内容；举办文化旅游美食节、美食比赛等活动，为乡村特色美食提供展示的机会和舞台；将乡村特色美食与当地特色小镇、民俗风情园、美食街等产业开发相结合等。总之，要促进乡村特色美食产业的发展，需要根据当前自身的社会经济条件和乡村特色美食产业的发展状况，采取各种方法，通过各种途径，加强特色美食宣传力度，扩大特色美食的影响和传播范围。

四、筑牢乡村特色美食卫生安全防线

食品的卫生安全事关消费者的生命与健康，对乡村特色美食的品牌价值也有重要的影响。因此，确保食品的卫生安全至关重要，需要相关部门高度重视。在乡村特色美食开发与经营过程中，当地政府部门需要采取各种措施，筑牢乡村特色美食的安全防线。

五、培养人才队伍，提升服务水平

乡村特色美食的发展需要有一支专业化、高素质的人才队伍支撑。可以通过培养专业的烹饪人才、服务人才等，提升产品的品质和服务水平。同时，也可以通过开展培训等方式，提高从业人员的技能和服务意识。

第十章

乡村特色市集轻资产运营

近年来，以乡村市集为主建设的"文化市集""乡愁集市"等特色集镇也让农村文化建设迈上了一个新的台阶，带动乡村特色旅游业发展，成为农村经济新增长点。乡村市集是推动乡村产业兴旺、物质丰富和精神文明的重要载体，是新时代促进消费增长的重要发力点。2023年以来，全国很多地方的乡村市集红火开张，一跃成为新晋"顶流"。在经济新常态下，乡村市集带动农村经济新增长点，是农村青年创业就业孵化基地；乡村市集能够促进乡村特色旅游业，带动区域第三产业发展；乡村市集是多元文化的交融中心，引领农村文化建设的方向标；乡村市集作为独特的公共空间，拥有对乡村社会的整合功能。

市集上，除了农产品展销、乡村美食售卖，还有农耕体验、手工艺品制作、农民技能展示等互动性更强的活动。对居住在城市的消费者而言，市集也为他们提供了感受农业魅力的机会，享受到乡村生活的美好。借市集造势，或许是众多乡村举办市集的初衷。当下，这些只在节假日出现的市集，意义早已不同于农耕时代"以物易物"的价值——它们甚至成为公共活动、文化交汇的平台，融合了艺术展演、公共教育、环保活动等多种形式。

第一节　运营模式

乡村市集成为集合差异化消费内容和主题场景的复合体和探索乡村空间创新的试验地。它的适用范围非常广泛，逐步衍生出种类万千、形式各异的玩法。其营造的烟火气及生活化的氛围，得到大众喜欢。乡村市集既是乡村社会的交往平台，也是农产品和非农产品的交易场所，更是数字乡村情境下信息传播的重要场域，为当地能人和外来人才在乡村空间追逐人生梦想提供了时代舞台。

一、传统农产品市集

传统的市集是当地村民为了满足生产和生活的需要，在约定的时间、地点持续性地聚集并进行商品交易的场所。时蔬干货、服装鞋帽、农机农具、生熟肉制品等货物一应俱全，还会有专门供孩童玩耍的充气蹦床、石膏画画、套圈等游乐设施，有时还会有一些地方戏曲表演。乡村市集除了当地人参与，越来越多的城里人也加入到"赶集"的队伍中，把赶集当成另一种休闲方式。

二、生活方式类市集

通过吸引生活方式、宠物用品、户外露营等品牌的入驻，带来生活灵感创意好物；打造独立艺术家的展览、手工坊、现场表演等丰富活动，给热衷小众、潮流的消费者提供美好生活方式示例，创造出一个集原创、设计、现代、摩登、社群于一体的空间场景，开启全新的乡村生活方式新部落。

三、社交体验类市集

手工制作产品，彰显街头文化的彩绘、编辫，带有西方神秘色彩的塔罗占卜……吸引乡村游客到场驻足、体验、购买，全网打卡。打造有趣活动，复古科技展、遛机械狗、戏剧体验、脱口秀、观影、咖啡品鉴等活动内容，让年轻人近距离感受乡村、科技与艺术结合的魅力，也让他们通过深入社交的方式体验到各个圈子的"欢乐派对"。

四、传统文化类市集

以传统文化为主题营造的市集商业，比如长沙北辰三角洲大悦城打造的《梦华录》同款宋朝市集，通过唐风场景、汉服巡游等，让消费者可沉浸式体验宋朝的街景盛会。余姚市阳明心市集自姚江沿岸到府前路老街绵延近三百米，包括传统非遗、艺术手作、潮酷文创、特色美食等内容，并穿插各类街头演艺，广聚古今姚江风物，重现历史繁华盛景。

五、小众文化类市集

小众文化正成为一种新的消费趋势，越来越多的乡村、品牌将目光投到具有消费爆发力的小众文化消费上，更能与那些有着相同兴趣爱好的年轻人、游客产生共鸣。在市集同质化严重的大环境下，通过市场垂直细分，在提供差异化内容的同时，与消费者建立较为深层的情感链接。

六、 创意美食类市集

美食作为全客层人群的"心头好"，是人们对美好生活的诠释和探寻。一方面，通过美食市集集中一批受欢迎的美食品类，拉近与消费者的距离，让乡村全客群都能够更便捷地体会美好生活的小确幸。另一方面，以在地文化为依托，结合文化、车尾厢市集等元素，向游客推出在地特色美食，吸引游客到场体验特色美食。

第二节　实战成功案例解析

一、浙江省丽水市古堰画乡大樟树市集

据报道，在丽水市莲都区，有一个古堰画乡，不仅拥有着诗情画意的自然风光，还围绕"画"字，为乡村发展探索出了一条新途径。

大樟树市集依托大港头的自然风光和丽水巴比松画派驻地等优势（图 10-1），吸引知名艺术家、独立设计师、传统匠人、潮人网红等国内众多业界大咖齐聚在此碰撞灵魂。场地不只囿于大樟树下，而是以千年樟树为起点，摊位沿江分布。非遗传承、主题雅集、生活美学、市集乐队等多重元素交织，让游客逛一次市集就像经历一次洗礼，感受"人间风雅处处是平常"。

图 10-1　大樟树市集

古堰画乡大樟树市集以"1＋1＋N"的发展思路，逐步融入周边匠人、创客的文创产品，油画拍卖，游客体验活动等，呈现古堰画乡特有的新东方美学，带动画乡油画相关产业整体发展。常态化市集于每周六、日在画乡香樟广场定期举办，大集于春、秋两季举办，并不定期举办艺术品分享会、萌娃市集等活动，积极打造"古堰画乡大樟树油画市集"特色名片。市集以油画为主要销售商品，衍生出绘有古堰画乡特有风景的石头画、香樟木版画、木雕、汉服展示体验等文创类产品，增加市集的体验感与可玩性。

图 10-2　春望市集

具体举措

1. "微"调产品，打造融画于景的优质市集

大樟树油画市集改变了以往仅以油画为商品的单一销售模式，增加了绘有古堰画乡特有风景的石头画、香樟木版画、手绘包包、手绘服装等产品，以及木雕、盆栽、汉服展示体验等文创类产品，还融入了古琴、箫、笛子等乐器演奏类活动来烘托艺术氛围，增加

市集的体验感与可玩性。此外，每季度组织不少于两次的艺术产品分享会及演艺等互动活动，进一步提升业态活力。

2. "微"调运营，打造独具特色的文化品牌

油画市集从以往无组织、无领导的"地摊式""游击式"运营，经整改后转型为由瓯江风情旅游度假区管理中心和莲都区旅游投资发展有限公司主办，古堰画乡油画协会承办的常态化油画市集。以市集管理小组的模式，实行参与登记制度，严把准入门槛，严控商品质量，严守组织纪律。每周六、日油画市集在画乡香樟广场定期举办，在场景搭建上选择了原木架、麻制布料、国风装饰物等与整体环境相符的材料，形成了特色旅游新亮点，创新了集生态景观、艺术氛围、旅游体验、产品销售融于一体的旅游模式，增强了景区吸引力，打造了"古堰画乡大樟树油画市集"特色名片。

3. "微"调定位，打造颇具影响力的艺术聚集地

画乡绘画产业由独立画家的定位向"个人＋协会"的定位转变，以市集为载体，整合各方优势资源，为企业、画家、游客提供交流的渠道，吸引周边省市的画家和书画企业来画乡参加赶集活动，为画家与消费者提供买卖优质油画商品、文创产品的渠道，带动画乡油画产业整体发展，提升业内知名度，打造知名的油画艺术聚集地。

二、贵州省兴义市万峰林街道双生村乡愁集市

据报道，黔西南州兴义市万峰林街道双生村，现今居住有汉、布依、苗、彝、白等民族，保存着与自然和谐相处的生活方式。因多民族混居，双生村多种文化融合发展，每年的民俗活动丰富多彩。2020年该村入选贵州第二批乡村旅游重点村。它以万峰林为心，田园为体，奇石为脉，乡愁为魂，文化为核。

乡愁集市位于万峰林景区双生村鄢家坝组（图 10 - 3），作为 2018 年国际山地旅游暨户外运动大会主要观摩点，于 2018 年 6 月中旬启动建设，10 月初竣工投入运营。项目以"万峰林为心、田园为体、奇石为脉、乡愁为魂、文化为神"的理念来布局，规划面积 1 000 余亩，其中田园花海观光区 500 余亩、农耕文化体验区 300 余亩、乡愁集市体验区 200 余亩，以该村原有的奇石产业为基础，依托良好的自然气候、秀美的田园风光、浓厚的民族风情，打破固有局限，从建筑、景观、生态、产业、文化、运营、大数据与智慧旅游等方面全方位、多维度、系统性统筹建设。

图 10 - 3　乡愁集市

依托万峰林旅游生态和人文内涵资源，"乡愁集市"规划有生态湿地、个性民宿、餐饮小吃、布依风情、文创产品及手工体验五大功能板块，集绿色生态、田园风光、多彩民风、旅游扶贫于一体，致力于为游客提供完善的"吃住行游购娱"配套服务，策划羊汤锅节、兴义市首届汉服文化节等活动，使游客能深刻感受到丰富精彩的山地文化、民族文化、美食文化魅力。

万峰林乡愁集市通过"五天一大集，三天一小集"吸引行商游商进入，演艺天天有，节日月月办。在乡愁集市主街和背街有酒吧、书局、文创商店、旅游商品店、黔西南的名优小吃店、特色餐饮店以及养生保健康养业态等。

乡愁集市主要分为三个功能区：商业功能区、民宿功能区、八音堂演绎功能区，重点围绕"一个战略定位、二种模式探索、三条策划主线、四生融合发展、五大业态支撑"开展建设和运营，尤其紧紧围绕旅游产业发展要素进行业态的深度布局，包括休闲旅游、农耕体验、文化养生、民俗风情和乡村集市。

具体举措

乡愁集市的创办，秉持"有生态、有生活、有生气、有生意"的原则，采取了"政府引导、公司统筹、村组助推、群众参与"模式，以民宿为核心，辐射周边区域餐饮、文创体验、休闲娱乐等产业，并形成品牌效应，实现利益共享、互惠共赢。

1. 领略布依民俗文化

乡愁集市里的布依八音堂是集中展示以八音坐唱为代表的民族非物质文化遗产的重要场所，也是一处集吃、看、娱、购于一体的领略体验民俗文化的好地方。走进八音堂，目之所及都是充满民族特色的场景布置，民族气息浓郁。有名为"纤云巧"的布依饰品集合店、贵州布依垚民族非遗手工坊、布依旅拍馆、布依族纺织刺绣场景展、布依三维草编展等，还有布依八大碗、布依坝坝茶、布依历史文化馆。在这里，既能了解布依族刺绣、扎染、蜡染等民族技艺，购买带有布依族特色的布偶、耳饰、发饰、服饰等，还可以进行扎染、蜡染手工体验，亲手制作一件布依族特色手工艺品，将布依文化带回家。

2. 品经典特色美食

在乡愁集市，除了观赏国家级非遗表演，感受民俗文化外，最出挑的当数集市里的特色美食。布依酸笋牛肉、"八大碗"极其受到外来游客的青睐。"八大碗"其实就是八道菜，是热情的布依族人招待客人的传统菜肴。即猪脚炖金豆米、红烧肉炖豆腐果、炖猪皮、酥肉粉条、排骨炖萝卜、素南瓜、素豆腐、花糯米饭（图10-4）。这八道菜中的金豆米、粉条、南瓜、五色糯米等都是布依人农忙时极方便的菜肴，色鲜味美可口。在集市内的峰味餐厅，除有传统"八大碗"外，还有着力打造的适合更多人口味的美食，收录了经典黔菜、创新黔菜、时尚黔菜等各个系列的《兴派黔菜库》。

图10-4 "八大碗"

集市还通过举办"乡愁节""元宵节""万峰林布依浪哨节""祭水放生""万峰林千人蛋炒饭节""万峰林羊汤锅节"等月月主题活动，吸引大量游客集聚到乡愁集市，成功带动当地村民自主创业，经营"凉卷粉""炸洋芋""捧乍臭豆腐""烤包谷粑"等知名小吃，实现每户月净利润营收达3 000余元，年收入达4万余元。

此外，双生村借助万峰林集团打造"乡愁集市"契机，在发展旅游业的同时种植火龙果、石斛等产品，打造荷花基地，多元化发展产业助推乡村振兴。

三、湖南省怀化市荆坪古村创意河畔市集

据报道，保护传统村落，弘扬乡村优秀文化，推动乡村文旅深度融合发展，有助于建设社会主义文化强国，传承中华优秀传统文化。湖南省怀化市中方县荆坪古村入选第四批中国传统村落，荆坪村古建筑群被评为第七批全国重点文物保护单位。荆坪古村位于湖南省怀化市中方县中方镇舞水河西岸，距怀化市区15千米，面积约1.5平方千米，大约有400余户人家，交通十分便利。该村古朴自然、山明水秀，被誉为"湘西最美古村"。村内现有祠堂、古驿道、伏波宫、文昌阁、节孝坊、唐代古井、水文碑、龙凤桥、观音阁、五通神庙和旧、新石器时代遗址等20多处古文化遗址，同时拥有如酒歌、傩戏、渔鼓、霸王鞭等丰富的民俗文化元素，村落整体传统文化气息十分浓厚。

近年来，荆坪古村通过"深度挖掘文化基因，培育丰富文旅融合新业态""举办创意文旅集市活动，传播优秀乡村传统文化""打造乡村网红打卡地，加大文旅市场宣传力度""组建志愿者服务队伍，形成乡村产学研联盟""加强旅游管理与配套设施建设，提升乡村旅游环境"等路径，弘扬和传承了中华优秀传统文化，促进了乡村全面振兴发展目标的实现。

与普通市集不同，"河畔集"的摊位免费，商品以手工艺品、文创产品和农产品为主。"河畔集"将城市、乡村、人、物相连，为非遗手工艺人、文创工作者及农产品搭建一个展示平台。景区内创意市集"河畔集"的兴起，为游客增加了体验项目，延长了停留

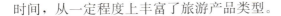

时间，从一定程度上丰富了旅游产品类型。

具体举措

1. 深度挖掘文化基因，培育丰富文旅融合新业态

长期以来，荆坪古村深度挖掘村内宗祠文化、商贸文化、民俗文化、舞水文化、生态文化等丰富文化基因，积极探索文旅融合业态培育新模式。该村以旅游业要素为基础，充分结合村落传统文化，将传统风貌、民俗风情等文化"特色"做成"景色"，培育了一系列丰富的文旅融合新业态，具体包括：10家精品农家乐、网红柚见图书馆、喜庆堂中式婚礼体验馆、琴庐民宿、平居茶艺馆、怀化有礼文创院子（非遗馆）、鲜花农场、和智农耕营、乐享民宿、魂狩木艺手工工作坊等，实现了传统文化的文旅产品价值转换。

2. 举办创意文旅市集活动，传播优秀乡村传统文化

以传播优秀乡村传统文化为出发点，荆坪古村举办了集文创产品售卖、汉服穿越古村、非遗手工制作、鲜花农场农耕营家庭研学等多项活动于一体的创意市集"河畔集"（图10-5），吸引了众多游客前来打卡游玩体验，推动了荆坪传统文化的创造性转化和创新性发展。该市集也因此被评为湖南省2021年文化和旅游厅最佳文旅项目，现已成为每周末都会举行的常态化市集。同时，该村还会不定期举办不同主题的市集活动，比如"巧集妙市 礼乐祈福"荆坪传统文化市集暨七夕民俗大会等，促进了传统文化与现代生活的碰撞与交流。

3. 打造乡村网红打卡地，加大文旅市场宣传力度

荆坪古村通过选取传统村落内具有辨识度的特色文化元素，配套地标性建筑，逐步打造了多个极具标识性和影响力的乡村网红打

图 10 - 5　荆坪古村创意河畔集市

卡地，如柚见图书馆、琴庐民宿等。其中，柚见图书馆为一家集培训、阅读、文创产品研于一体的综合图书馆，是湖南省第一家乡村振兴图书馆，其主题元素为古村家家户户种植的柚子；琴庐民宿则以纪念潘仕权先生（乾隆皇帝的音律老师，把中国音阶五音提升至七音的人）为文化内核。同时，该村通过节庆营销、网络营销等方式，显著提升了文旅知名度，助力了乡村网红打卡地的成功打造。

4. 组建志愿者服务队伍，形成乡村产学研联盟

为促进乡村人才队伍提质升级，荆坪古村积极与怀化学院、怀化医药学院、怀化师专等高校对接，充分发挥校地双方优势，设立了大学生创新创业团队和勤工俭学团队，为大学生提供文创产品展示场地和文旅志愿服务场地，实现了乡村文旅开发、大学生创新创业、实践研学、乡村治理、志愿服务等多方面的深入合作，打造了乡村产学研的合作典范，为乡村振兴发展注入了活力。目前荆坪古村创意集市体验基地共有志愿者 197 人，以及 8—16 岁的小志愿者 60 人，主要负责创意集市的活动组织、产品筛选、联络沟通、文

旅解说等工作。

5. 加强旅游管理与配套设施建设，提升乡村旅游环境

荆坪古村高度重视旅游管理与配套设施建设，为游客提供优质的乡村旅游环境。第一，加强农家乐经营管理。该村制定了消防安全和食品卫生安全等方面在内的农家乐管理制度，并与各农家乐签订了管理责任状，督促和帮助各农家乐完善各项证照手续。第二，加强景区卫生维护。该村安排专人负责景区环境卫生的维护，确保景区卫生的干净整洁。第三，加强景区消防安全管理。该村通过设置安全标语及警示牌、发放消防宣传手册、制订消防应急预案等方式，提高了管理处和当地村民的消防安全应急能力。第四，加强景区安全隐患排查与整治。该村坚持每日巡检制度，保证每日两次及以上的巡检，以便及时发现安全隐患并快速进行处置。第五，完善旅游讲解服务。该村切实做好了景区导游及各项服务接待工作，有效提升了游客旅游体验质量。

第三节　发展启示

一、重构乡村市集文化

乡村市集是现代文化、传统文化、民族文化的交融中心，发挥着对农村文化建设的引领和辐射作用。根据各地区特色资源、自然资源及营养资源等，以乡村市集为主建设"特色集镇""特色城镇"，发展积极向上的乡村市集文化，使农村文化建设上新台阶，带动乡村旅游发展，实现乡村振兴。农产品创意市集上提供的农产品从设计到产品再到商品，既要体现农产品的优质，又要吸引消费者的关注，更要加深消费者的消费记忆。乡村市集上，不仅可以尽情地试吃每一种农产品，还会有专业的销售人员讲解农产品的来龙

去脉。来到摊位，销售人员让消费者从味蕾到文化来一顿饱餐。市集上所有的产品都会以看得见、摸得着、买得起为标准，延长消费者的记忆链，从而延长产品的销售链。

二、拓宽乡村市集开发观念

传统乡村市集作为我国不同地区文化交流和物资交换的"窗口"，分布非常广泛。因此，在推进乡村市集发展过程中，需要进一步转变发展思路，结合时下消费潮流，积极挖掘广大乡村市集所在乡村的文化旅游资源，不断进行乡村市集主题创新，使传统乡村市集功能进一步延展，更加立体全面满足游客需求。借助乡村市集的力量，让乡村变得更时尚、有体验感，把农业生产、生活、生态更加完美地呈现在消费者面前。要不断推陈出新，打造各式各样的非遗、文创、露营市集，展示当下的新潮流、新技术、新理念，让乡村市集逐渐成为多元文化的交融中心

三、立足于当地文化脉络

在乡村振兴的过程中，要在保护自然资源的基础上，因地制宜地开发和选择一切可利用的自然资源和人文景观，打造属于当地的独特市集品牌。依据国家有关政策，结合自身优势，"将自然风光与民俗风情、历史文化等不同类型的旅游资源有机结合，增强旅游资源的吸引力，丰富民俗旅游的内涵和生命力"，走出一条属于自己的路，带动当地居民走上致富之路，以局部的发展推动乡村振兴，以整体的发展带动局部的发展。

四、统筹规划，规范管理

乡村市集想要做大，做好当地村民和外地游客的服务工作，就要做好基础设施建设，加强道路交通建设，提供便利的交通，以保证游客能够方便抵达。同时，也要为到来的游客提供精细、便捷和

高效的公共服务，设立综合服务窗口，夜间交通网络畅达，停车场、公共厕所和垃圾箱等卫生设施充足适需。加强对产品质量的监管，严厉打击假冒伪劣产品。

五、加大宣传力度

打造市集品牌，利用市集特色来进行对外的广告策划和营销。要充分利用广播、报纸、微信公众号和自媒体等进行宣传，加强宣传力度，不断提高知名度，要增强自身特色，吸引更多的客流量，丰富旅游产品及其内涵。"烟火气"和时尚感并存的乡村市集，不断解锁一个个充满新意的文化消费新体验，便是一种新的探索与尝试。

REFERENCES 参考文献

崔译元，2017. 创意农业园规划设计研究［D］. 南京：南京农业大学.

范玉鹏，刘洺远，2023. 数字文旅助力乡村振兴的内在机理与实践路径［J］. 河南农业，(12)：55-57.

冯叶，2023. 山西乡村美食旅游发展路径研究［J］. 南方农机，54 (15)：114-118.

韩梦，周景崇，2023. 公众参与视角下乡村博物馆活化策略研究——以衢州市妙源村为例［J］. 设计艺术研究，13 (5)：49-53.

贺小荣，徐海超，2022. 乡村数字文旅发展的动能、场景与路径［J］. 南京社会科学 (11)：163-172.

洪流，2019. 福清市相思岭休闲农场发展的策略研究［D］. 福州：福建农林大学.

侯海兰，刘养卉，2022. 乡村振兴战略下乡村研学旅行的困境与路径［J］. 经济研究导刊，(33)：30-32.

胡晓燕，2017. 整合文化资源，立足创新发展，推进特色鲜明的文化集市建设［J］. 大众文艺 (3)：24.

黄火明，2007. 传统与变革：乡村集市文化与新农村文化建设的和谐整合［J］. 山东农业大学学报（社会科学版）(3)：27-32，115-116.

黄立石，孙晗冰，2020. 冀南地区乡村集市的文化功能［J］. 农村经济与科技，31 (17)：305-307.

焦赛，2021. 旅游经济学视角下乡村研学旅游地规划建设研究［D］. 昆明：昆明理工大学.

李春艳，李建英，2022. 研学旅行与乡村旅游融合发展的策略研究［J］. 智慧农业导刊，2 (12)：101-103.

李济超．凝聚文化力量 助推乡村振兴〔N〕．汕尾日报，2022-01-11（004）．

李静文，2023．数字文旅助力乡村振兴〔J〕．文化产业（29）：130-132．

李梁平，祝霞，张志荣，等，2017．基于 STP 营销视角下山地景区绿色营销的探索——以武功山景区为例〔J〕．上饶师范学院学报，37（5）：93-98．

李敏娜．文化集市助推农村特色文化产业发展〔N〕．甘肃日报，2016-01-25（015）．

李霜，李文珠，2018．浅析江西萍乡武功山国际帐篷节运营策略〔J〕．度假旅游（8）：154-155，158．

林峰，2016．休闲农业项目如何开展"轻资产"运营〔J〕．中国房地产（5）：64-66．

林荣清，2022．台湾休闲农业发展的历史演进和启示〔J〕．台湾研究（6）：77-88．

罗娟，2023．黄河文化集市创新发展研究〔J〕．收藏（6）：174-176．

吕臣，王慧，李乐军，等，2022．数字文旅融合助力乡村振兴实现逻辑、路径与对策〔J〕．商业经济研究（23）：137-140．

吕家，2023．文化角度下乡村博物馆设计方法与运营策略的研究〔J〕．艺术品鉴（29）：143-145．

马一萍，刘莹．乡村博物馆：乡村振兴路上的别样风景〔N〕．吴忠日报，2023-08-10（004）．

莫幼政，李万青，2021．乡村特色美食在乡村振兴中的价值及其实现路径〔J〕．南宁师范大学学报（哲学社会科学版），42（4）：11-18．

皮小玲，2023．农文旅融合视角下数字乡村建设对策探究——以湛江吴川兰石镇为例〔J〕．广东蚕业，57（7）：135-137＋141．

王聪聪，2016．农村现代化的本土资源——集市在当前新农村建设中的作用〔J〕．攀枝花学院学报，33（6）：32-37．

王萍，董益华，2023．乡村振兴战略背景下文创产品创新对旅游经济发展的影响探讨〔J〕．西部旅游（12）：82-84．

韦少凡，2023．乡村振兴战略背景下乡村旅游文创产业发展策略研究〔J〕．旅游与摄影（14）：47-49．

严碧华，2023．集市中的文化味〔J〕．民生周刊（Z1）：6．

杨宏杰，2022. 乡村集市的传承与发展——以大理街子文化为例［J］. 中国
　　集体经济（31）：7-9.

杨婧祎，2021. 触媒理论视角下乡村旅游营地特色营造研究［D］. 昆明：昆
　　明理工大学.

杨晓平，2022. "康养＋"视角下的文创产品创新设计——以腾冲和顺古镇为
　　例［J］. 文化创新比较研究，6（18）：105-108.

尹萍，2023. 轻资产模式探索：乡村振兴背景下民宿市场化发展的新突破
　　［J］. 中国农业会计，33（11）：56-58.

于晓，2019. 台湾花露休闲农场的商业模式［J］. 中国农垦（11）：40-41.

张国珍，陈元阳，2004. 台湾地区生态旅游教育发展与展望——台一生态教
　　育休闲农场［C］//第二届"海峡两岸休闲农业与观光旅游学术研讨会".
　　台湾：中国地理学会.

张晓慧，2011. 乡村旅游一体化战略发展路径及其启示——以成都五朵金花
　　为例［J］. 中国集体经济（3）：130-132.

张艳，2017. 基于轻资产运营方式的企业价值提升策略［J］. 财会通讯（35）：
　　82-85.

章爱先，朱启臻，2019. 基于乡村价值的乡村振兴思考［J］. 行政管理改革
　　（12）：52-59.

赵小凤，2023. 数字经济赋能乡村文旅产业振兴的理论机理、现实困境与实
　　现路径［J］. 智慧农业导刊，3（14）：109-112.

钟佳韦. 商家"吸粉"多 乡村集市"火"　［N］. 汕尾日报，2023-05-04
　　（007）.

图书在版编目（CIP）数据

农旅轻资产运营实战一本通／龙飞，马亮编著．—
北京：中国农业出版社，2024.10
ISBN 978-7-109-31718-5

Ⅰ.①农… Ⅱ.①龙… ②马… Ⅲ.①观光农业—旅
游资源开发—研究—中国 Ⅳ.①F592.68

中国国家版本馆CIP数据核字（2024）第014186号

农旅轻资产运营实战一本通
Nonglü Qingzichan Yunying Shizhan Yibentong

中国农业出版社出版
地址：北京市朝阳区麦子店街18号楼
邮编：100125
责任编辑：国　圆
版式设计：王　晨　　责任校对：吴丽婷
印刷：中农印务有限公司
版次：2024年10月第1版
印次：2024年10月北京第1次印刷
发行：新华书店北京发行所
开本：880mm×1230mm　1/32
印张：5.5
字数：150千字
定价：56.00元